美在中心 美在心中

谢锦棠 冯耀堂 编著

广州市番禺区沙湾中心小学
艺术教育实践探索

华南理工大学出版社
·广州·

图书在版编目（CIP）数据

美在中心 美在心中：广州市番禺区沙湾中心小学艺术教育实践探索/谢锦棠，冯耀堂编著．--广州：华南理工大学出版社，2024.11. --ISBN 978-7-5623-7816-7

Ⅰ．①G623.702

中国国家版本馆CIP数据核字第20245MJ927号

MEI ZAI ZHONGXIN MEI ZAI XINZHONG: GUANGZHOUSHI PANYUQU SHAWAN ZHONGXIN XIAOXUE YISHU JIAOYU SHIJIAN TANSUO

美在中心 美在心中：广州市番禺区沙湾中心小学艺术教育实践探索

谢锦棠 冯耀堂 编著

出 版 人：房俊东

出版发行：华南理工大学出版社

（广州五山华南理工大学17号楼，邮编510640）

http://hg.cb.scut.edu.cn　E-mail: scutc13@scut.edu.cn

营销部电话：020-87113487　87111048（传真）

责任编辑：张晓婷

责任校对：张　楚

印 刷 者：广州小明数码印刷有限公司

开　　本：787mm×960mm　1/16　印张：12.25　字数：234千

版　　次：2024年11月第1版　印次：2024年11月第1次印刷

定　　价：49.00元

版权所有　盗版必究　　印装差错　负责调换

编委会

主　　任：谢锦棠　冯耀堂
编　　委：赖国华　李柳娟　刘秀珠
　　　　　李梦婕　戴敏聪　洪剑华
　　　　　黎宝婵　陈意瑾

序

番禺沙湾古镇有着800多年的历史，是著名的广东音乐的发源地，人杰地灵，文化土壤极为深厚。有文化的地方必重视教育，沙湾古镇内外分布了好几所幼儿园和中小学，大家都秉持着以本土文化开展特色教学的理念，而沙湾中心小学堪为其中有艺术特色和文化品位的标志性学校。该校立足沙湾本土民俗文化传统，组建各种学生艺术社团，将美育融合于学校教育教学工作，取得了诸多成果。而今将这些经验做法梳理总结并汇集出版，既提升自己，又得到推广，可谓是一举两得！

本书的关键词是美育。在学校教育教学工作中，美育最不易量化，也最难见成效。但是，沙湾中心小学借助沙湾古镇丰厚的本土文化资源，把学校美育置身于沙湾文化氛围之中，从艺术教学、社团活动、教研课题等方面全方位切入，培养出不少优秀学生和老师，获得了诸多奖项和荣誉。就在去年，该校承担乡村公益"蒲公英行动"番禺工作站美育系列活动，邀请北京大学朱青生教授为番禺美术教师举办公益大讲堂艺术讲座，既使学校美育水平得到提升，也将沙湾传统文化与世界多元文化对接，沙湾中心小学也由此实现了新时代学校美育升级。传统的基础教育一般比较重视学生的学习成绩，特别是在当前教育内卷严重、学生身心超负荷状态之下，倡导"五育并举"，需要美育来撕开一道口子。学校美育在目标呈现和实施方式等方面与学科教学有着完全不同的追求，它以育人为目标，不求即时见效，而是浸润无痕，逐渐显现；美育的实施开展也不宜统一标准，要有一种开放的状态，因地制宜、因势利导，只有在自主、轻松、愉悦的感觉中，美感和美育才可能发生。从这本书中我们能够看到，沙湾中心小学的师生始终积极参与沙湾各种地方的民俗活动，感受着地方民间艺术的活力。这些东西不需要考试，老师和学生自行判断与选择表达，同样帮助学校师生获得对于中华文明的认知和自信，促进对于祖国、家乡、人民、文化的热爱。学校美育在校内组织各种文艺社团、科学艺术节庆活动，用艺术教育将学校工作贯穿起来，使学校教育呈现多彩多姿、感性自在的生动活泼发展局面。这就是美育的价值功能和影响作用！

去年年底，教育部颁发《关于全面实施学校美育浸润行动的通知》，提出"以浸润作为美育工作的目标和路径"，令学校美育的方向和要求更为明确。学校教育"五育并举",必须看到美育在"目标和路径"上的特殊性。"浸润"既是学校美育工作的形式,也是美育工作的目标;既是美育实施的一种方法,也是实施美育的重要路径。学校美育需要摒弃教育内卷的工作模式,润物无声不追求实时高效,潜移默化用不着讲理说教,一切顺其自然,这才叫"浸润"。沙湾中心小学这么多年来浸润于沙湾古镇,充分发挥艺术课程在学校美育中的主渠道作用,联动学科教学和学校活动,学校师生逐渐成长,学校环境一点点地发生改变,学校美育一步步地迈上新台阶。以美育浸润行动要求推动学校工作,学校由此出现美育浸润的良好面貌,相信读者会从中得到启发。

面对高科技时代的人工智能挑战,考试成绩内卷给师生带来高压负荷,学校实施美育浸润行动能让我们的教育慢下来,让学生放松心情做点自己喜欢的事情,想象力和创造力才能够得到释放和培养。通过美育浸润陶冶情操、温润心灵、激发创新活力,加强美育与德育、智育、体育、劳动教育的融合,学校办学的育人目标才能得以实现。"学校实施美育浸润行动",话很好说,事也不难做,但要做好却不易。沙湾本土文化是最好的美育资源,沙湾中心小学拥有丰富的美育经验,坚持"以浸润作为美育工作的目标和路径",用艺术方式贯穿学校教育工作。沙湾人杰地灵、学校人才辈出绝不是夸夸其谈!

陈卫和
(广州美术学院原美术教育研究所所长)
2024 年 9 月 8 日

前　言

沙湾中心小学校门口的墙面上，装饰着一幅展示沙湾学子真实校园生活的壁画《我的地盘我做主》。画面中，木棉树与古老的蚝壳墙屋相映成趣，学生们在用心一刀一笔地版刻；粤韵飞扬，童声歌唱，学生们拉二胡、大合唱，旋律与歌声交织在校园上空；跳板上，小运动员身姿矫健；击剑赛场上，两个健美身影正激烈交锋……尽显沙湾学子阳光自信的风采。这幅由学校美术老师赖国华精心创作的壁画，正是沙湾中心小学"和美教育"理念与办学特色的生动写照。

沙湾中心小学坐落于广州市番禺区西南部的沙湾古镇，这里是岭南文化重要的发源地之一。沙湾飘色、广东音乐等众多优秀文化是800多年来沙湾人对美好生活向往的重要见证，滋润着沙湾学子向美而生，激励着沙湾中心小学努力突破乡镇小学艺术教育的困境，朴素而扎实地探索艺术教育之路。

沙湾中心小学的艺术教育是朴素的。它的朴素在于始终以学生为艺术教育的核心主体，努力培养学生的艺术兴趣和基本知识，以美育人，以美化人。

学校坚持面向全体学生，以专项艺术课程学习引导学生。2012年，学校在"小学阶段掌握1~2项艺术专项特长"的目标驱动下，尝试每周在三至六年级开设艺术选修课，让学生根据自己的兴趣，自主选择学习版画、合唱、舞蹈、国画等基础性的艺术专项课程，让每个学生都有机会通过学习获得艺术专项的基本知识技能，发展艺术素养。

学校坚持全员育人，以浓厚的艺术教育氛围感染学生。从2000年至今，学校已经成功举办了二十五届校园艺术节。在每一届艺术节中，学生都会全员参与，积极准备，家长也主动配合，让艺术之花在级部会演中绽放。艺术节中的节目也在刘秀珠、洪剑华、李梦婕等老师的统筹编导下，逐年多元化，其质量也得到了明显提升。小学六年里，学生从模仿到创编节目，从小舞台登上大舞台，艺术创新思维在实践中生根生长，在成长的舞台上培养了自信，也收获了经验。

沙湾中心小学的艺术教育是扎实的。它的扎实在于始终以地方文化项目为艺术教育的主要内容，将艺术教育融入学生生活，增强学生的文化自信。

学校坚持挖掘沙湾文化资源，以专项课程传承发展传统文化。2016年，学校借助劳动课程，开设了"沙湾飘色""鱼灯"等传统工艺制作课程。传统工艺制作也由此被引进学生课堂。特别是在沙湾飘色协会的大力支持下，沙湾飘色市级非物质文化遗产传承人黎伟明等人走到了学生的身边，亲身讲述飘色文化及制作技巧。由此，中华优秀传统文化在探索学习中被赋予了新时代的风采。

学校坚持传承沙湾特色文化，以社团活动的形式弘扬传统文化。自2005年蒲公英版画社成立以来，冯耀堂、赖国华两位老师坚持将沙湾飘色、鳌鱼舞、沙湾建筑等艺术元素融入版画社团写生、创作的题材，让沙湾艺术文化在学生的刀刻笔画下呈现为一幅幅富有童真的版画作品。"蒲公英行动"项目中，陈卫和、谢丽芳、孟科、喻涛、刘磊、黄志明等多位老师也多次莅临学校指导学生的作品创作，并将蒲公英版画社带到了中国版画博物馆举办了专场展览。经过19年的建团历程，当前蒲公英版画社已有69项学生作品荣获国家级奖项，成为"广州市首批高水平美育团队"。此外，学校还组建了小红豆粤剧社、"粤韵悠扬"民族乐团等学生社团，让学生利用课余时间学习传统乐器演奏、训练粤剧、合唱、舞台等基本功。粤剧《风采沙湾》、合唱《落雨大》和舞台剧《奶香飘万家》等创编作品，为学生弘扬传统文化搭建更大的舞台，我校也由此成为"广东省艺术教育特色学校""广东省中华优秀文化传承学校"。

学校坚持探索沙湾文化特色，以研学实践增强文化自信。"爱上沙湾"系列研学实践活动，以研学任务驱动师生开展跨学科学习，共同研究沙湾艺术文化的发展及特色，在活动中增强文化自信，学会欣赏身边的美。

"美，是纯洁道德，丰富精神的重要源泉。"

美在中心。沙湾中心小学的学子是优秀的。他们在校园里听到了美的呼唤，看到了美的符号，展现了美的个性。美，始终伴随着沙湾学子的成长。

美在心中。沙湾中心小学的学子是幸福的。他们在校园里分享了美的感悟，赢得了美的共鸣，锤炼了美的品质。美，始终浸润着学生的心田。

美，让沙湾中心小学的每一个学生都成为舞台的主角。编著本书，旨在记录和展现沙湾中心小学艺术教育特色创建的历程与思考。我们始终坚信"和而不同，各美其美"的理念，当美成为内心的需要，化成了我们共同的语言，美就会成为我们的共同追求，如同蒲公英一样，它的种子会留在每一个学子心中，飘落在世界的每一个角落。

谢锦棠
2024年8月

目录 Contents

第一章　和而不同，美的历程 ………………………………………… 1
　第一节　扎根乡土：让孩子走进沙湾的天地 ………………………… 1
　　一、沙湾是一湾古泉 …………………………………………………… 1
　　二、让沙湾成为学子的教室 …………………………………………… 4
　第二节　以美育人：为孩子们铺设和美之路 ………………………… 11
　　一、穷极中外哲思，界定和美之义 …………………………………… 12
　　二、赓续岭南文脉，独树和美旗帜 …………………………………… 13
　　三、思考教育改革，坚定艺术初心 …………………………………… 14
　　四、沉淀百年传统，构建和美体系 …………………………………… 18
　第三节　儿童视角：让儿童成为校园的主角 ………………………… 20
　　一、"让儿童站在中央"的校园设计 …………………………………… 20
　　二、"由学生做主"的学校吉祥物 ……………………………………… 23
　　三、"看见儿童"的壁画 ………………………………………………… 25
　第四节　五育融合：和融灵动的课程构建 …………………………… 27
　　一、以生为本的课程目标 ……………………………………………… 27
　　二、层级立体的课程结构 ……………………………………………… 27
　　三、打破边界的课程实施 ……………………………………………… 32
　第五节　赋能有方：和慧聚智的团队文化 …………………………… 34
　　一、组建高水平的美育团队 …………………………………………… 34
　　二、重塑美育教师的角色 ……………………………………………… 35
　　三、重建教师专业成长路径 …………………………………………… 37

第二章　美人之美，美润童心 ………………………………………… 41
　第一节　国家课程，校本实施 ………………………………………… 41
　　一、乡土美术，遇见沙湾 ……………………………………………… 41
　　二、综合实践，求真向美 ……………………………………………… 57
　第二节　"选"多元课程，"修"综合素养 ……………………………… 60
　　一、艺术选修课：全员参与的"大艺术" ……………………………… 61
　　二、劳动选修课：手脑并用，传承大国匠心精神 …………………… 73

  第三节 融合课程，爱上沙湾 ………………………………… 81
    一、沙湾研学旅行课程 ………………………………………… 81
    二、跨学科项目学习 …………………………………………… 95
  第四节 活动育人，以美化人 ………………………………… 101
    一、艺术节，为每个孩子搭建舞台 ………………………… 102
    二、社会实践，用双手创造美 ……………………………… 111

第三章 各美其美，百花争放 ………………………………… 115
  第一节 "社"彩缤纷，"团"花簇锦 ……………………… 115
    一、社团组建：多元+个性，满足学生需求 ……………… 115
    二、社团管理：课堂普及+比赛提升，学生梯队成长 …… 117
  第二节 小小蒲公英，有"版"有眼 ……………………… 118
    一、以梦为壤，撒播美的种子 ……………………………… 118
    二、以刀代笔，演绎古镇之美 ……………………………… 123
  第三节 粤韵悠扬，民乐流传 ………………………………… 131
    一、粤剧社团，成长"小红豆" …………………………… 131
    二、民乐社团，小小演奏家 ………………………………… 135
    三、曲乐结合，戏曲进校园 ………………………………… 140
  第四节 蹬噔舞团，踮脚摘星 ………………………………… 141
    一、学生自主创编 ……………………………………………… 142
    二、我的节目我做主 …………………………………………… 142
  第五节 百灵合唱，天籁童声 ………………………………… 146
    一、让学生喜欢音乐 …………………………………………… 146
    二、助学生建立自信 …………………………………………… 147

第四章 美美与共，大道致远 ………………………………… 151
  第一节 向阳生长：小荷才露尖尖角 ……………………… 151
    一、向"美"而行，"艺"路繁花 ………………………… 151
    二、"育"见未来，以文化人 ……………………………… 159
  第二节 逐光而行：春色满园关不住 ……………………… 164
    一、教学创新：满眼生机转化钧 …………………………… 164
    二、教师成长：不拘一格降人才 …………………………… 173
    三、引领辐射：一枝独秀不是春 …………………………… 178

附录 学校百年发展史 ……………………………………………… 183

第一章

和而不同，美的历程

> 沙湾是美的，我们的教育也应是充满美的。如果说沙湾是一湾古泉，那么沙湾中心小学便要做引水人，让沙湾的美像甘甜的泉水，流进校园，流入每个孩子的心田，去唤醒每一颗天真烂漫的心，去滋润每一株渴望甘露的幼苗。
>
> 那么，要让沙湾的美流进校园，需要怎么做呢？我们用数十年的时间走过了一段美的历程，交出了自己的答卷。

第一节　扎根乡土：让孩子走进沙湾的天地

沙湾是一湾古泉，在岁月的柔光里荡漾，似在诉说着800多年都说不完的故事。它承载了沙湾人世世代代生生不息的希望，润泽了沙湾家家户户男女老少的心田，年年岁岁，月月日日，不紧不慢，静静流淌。掬一捧，月在手，清亮如鉴，照见世态万象；抿一口，甘入喉，醇厚胜酒，品尽人间百味。唯"美"一字，道不尽它的魅力。

一、沙湾是一湾古泉

沙湾（图1-1），坐落于广州市南部番禺的古镇，始建于南宋，有着800多年历史。这片岭南乡土，浸润了珠江千万年文化，历经了800多年岁月的洗礼，保留了广府文化的韵味，被誉为"岭南文化活化石"。

图1-1　处处彰显岭南文化特质的沙湾古镇

与隐世的古镇相比，沙湾坐落在一线都市广州；与中心区域相比，沙湾又远离市中心。特殊的地理位置，让沙湾形成了自己的节奏。如果说现代大都会是以现代钟表计量时间，分秒必争；沙湾则像水钟一样不间不断，生生不息。它有自己的性格。大都市以玻璃和钢筋水泥锋芒毕露地向高处索取，刷新着更高的天际线；沙湾却用石头和砖瓦徐徐舒展她的怀抱，将来往的人儿都拥入屋檐下：来，喝一杯茶，抚一张琴，听一段往事。

沙湾是传统的、纯粹的。"三间两廊"大屋、镬耳屋，或青砖黑瓦、飞檐翘角，或檐缘梁枋、精雕细琢，极富岭南特色及浓厚的传统意趣。同时，它又是现代的、交融的，融合了传统的竹筒屋、西洋古典风格的仁宝楼，让东方美与西方艺术在这片土地上交织，演绎出东方古典文化与现代审美文化的变迁。800多年来，沙湾古建筑在岁月更迭和风雨洗礼中，变奏出独具辨识度的曲调，积淀和投射着厚重的历史文化氛围，凝聚着沙湾人对"建筑美"的追求，也体现了沙湾人在建筑艺术方面极高的造诣。

沙湾小档案

祠堂：沙湾宗族文化的符号

自古以来，沙湾崇尚"大家庭"的家庭结构方式，家庭和睦才能万事兴旺，才能形成不断繁衍壮大的宗族。沙湾的宗族有很多，比较出名的宗族有何氏、黎氏、韩氏、李氏等。每一个宗族都建有大大小小的多个祠堂，这些祠堂遍布整个沙湾。据史料记载，旧时的沙湾有约340间祠堂，现保存下来的还有111间。放眼望去，整个沙湾呈现出"几乎有街就有祠堂"的景象，这些历经数百年岁月洗礼的祠堂成了沙湾街道景观的一大特色。在沙湾，声名最为卓著的宗族是何氏宗族。何氏宗族祠堂"留耕堂"（图1-2）也最为出名，是广东省汉族民间乡村祠堂建筑的典型代表。它的面积有3 000多平方米，平面呈南北长条形，自南向北依次为大池塘，大天街，正门，牌坊，钓鱼台，中座，天井，后座及东、西廊和村祠，形成了结构严谨、装饰华丽、规模宏伟的建筑群。祠堂设计之巧妙、做工之精美，充分体现了古代劳动人民的勤劳、智慧和艺术创造力。

图1-2 何氏宗族祠堂"留耕堂"

沙湾是安静的。错落纵横的街巷，宗祠古屋点缀其间，一块块砖、一片片瓦都静默在时光里。沙湾又是有声的。作为广东音乐的发源地之一，这里孕育了许多脍炙人口的经典曲目。走在沙湾的街头巷尾，不时传来悠扬的琴声和笛鸣，驻足倾听"雨打芭蕉"的乡间乐韵、"赛龙夺锦"的欢腾曲调、"何氏三杰"的传奇故事，还有那飘然而来的古筝乐音、瑟瑟清韵……在这里，无声与有声、粤曲与留白，穿越时空交汇，鸣奏出沙湾居民对生活的热爱与追求以及在岁月里的坚守与信念。

沙湾是高雅的"白雪"。精雕细琢、栩栩如生的砖雕、石雕、木雕、灰塑和壁画，一刀一刻都凝聚着艺术家的心血与匠人的智慧。比如作为沙湾标志性建筑的留耕堂，其精美的木雕和石雕工艺令世人惊叹，仿佛在诉说着历史的沧桑与变迁。沙湾也是"阳春"。美名远扬、技高一筹的"沙湾飘色"（图1-3），独树一帜的"沙坑醒狮"，祥和瑞气的"舞龙舞凤"，独占鳌头的"鳌鱼舞"等，种种沙湾民间艺术迸发出蓬勃的生命力。它们是沙湾人生活中浓墨重彩的一笔，更以其魅力走向了世界，让更多人看到了多彩的沙湾民俗文化。

图1-3　沙湾本土特色民俗艺术活动——"沙湾飘色"《桂英招亲》

沙湾是巧具匠思的。极负盛名的"姜埋奶"、紫坭特产的"鱼皮角"、鲜爽嫩滑的"酿芽菜"……沙湾人能用最简单的食材烹制最精细的菜肴。芽菜本是极细的条状植物，你能想象在芽菜中再放进切得极细的鸡丝吗？更不可思议的是，用虾胶将放进鸡丝的芽菜封口，并沾上生粉脱水下锅，最后用鲜奶勾芡上碟，就成了鲜爽至极的"酿芽菜"。精细到极致，这就是人们对沙湾的舌尖印象，同时又是浑然天成的。那用一只只蚝壳堆砌成墙壁而建成的蚝壳墙屋（图1-4），那用鹅卵石铺成的街道，都令人赞叹不已。触摸那粗粝的蚝壳，抚摸那平滑的鹅卵石，让人和自然仿佛融为一体，中国古人天人合一的建筑哲学在沙湾展现得淋漓尽致。更不用说那环绕古镇的滴水岩森林公园和龙湾涌湿地公园，犹如两颗璀璨的绿宝石，镶嵌在沙湾大地上，为沙湾留驻一片天然乡土。

图1-4　蚝壳墙屋

沙湾是平淡的。现代都市波澜壮阔的奋进景象，在这里切换成宝墨园的从容与雅致、小桥流水的幽静与婉约。沙湾又是传奇的。高分子化学家何炳林、广东音乐名家"何氏三杰"等，不仅演绎了他们的传奇一生，更带着这座古镇在历史上写下一段段不朽的篇章。他们的传奇与古镇紧密相连，为古镇增添了历史的厚重感，也激励着一代又一代的沙湾人与时俱进、前行不息。

有声有色，有动有静，有张有弛。踏入古镇，犹如进入时空隧道，连接着过去与现在。抚摸着蚝壳墙屋的蚝壳，层层叠叠中似乎听见翻涌的海浪声、沙湾渔民的呼声，那是岁月呼啸的回响。听着"雨打芭蕉"，在嘈嘈切切中看见酣畅的岭南时雨、沙湾儿女的过往故事，那是时光的流淌。沙湾古镇遗世独立，却不曾远离；它历史悠久，却永葆活力。只要靠近它，就能看到它正从时光深处款款走来，每一步都散发着魅力，每一个剪影都足以令人着迷。它就像一湾古泉，在800多年的历史地表下，依然涌动着澄澈的生命之源。

二、让沙湾成为学子的教室

沙湾中心小学位于沙湾古镇，并以古镇为名（学校历史见附录）。学校从最初的创建到其后每一步的发展，均与古镇血脉相连。沙湾古镇文化是沙湾人的源泉，也是沙湾中心小学的源泉。如果说沙湾是一湾古泉，那么沙湾中心小学便要做引水人，让沙湾的美像甘甜的泉水，流进校园，流入每个孩子的心田，去唤醒每一颗懵懂年少的心、滋润每一株渴望成长的幼苗。

作为乡村小学，沙湾中心小学的教学条件和资源并不丰富，在现代教育、素质教育的"军备竞赛"中并不占优势。然而，在充分认识到沙湾文化的教育价值之后，沙湾中心小学提出了在教育中融合沙湾文化的构想。我们意识到，物质资源和自然资源终会枯竭，唯有文化才能真正生生不息。艺术教育，甚至学校教育只有植根文化资源，才能向阳生长。沙湾文化正是取之不尽，用之不竭的宝藏，我们要继续坚定不移地把沙湾文化引入课堂，让孩子们走进沙湾、认识沙湾。

"问渠那得清如许，为有源头活水来。"为了更加系统地梳理沙湾文化，学校全力组织各学科教师，通过深入民间采访、实地考察、查看书籍等方式，如到村委会、文化站查找相关历史资料、文献，尽可能全面地搜集、挖掘和整理沙湾民间艺术文化资源，并对沙湾现代化进程中民族民间美术的流传、演变过程和遗存情况进行分析，整理出沙湾乡土文化资源分析表（表1-1）。

表1-1 沙湾乡土文化资源分析表

类型	名称	所在地	艺术类别	背景
学生与生活	留耕堂	北村	内有石雕、砖雕、木雕、灰塑等	集元、明、清不同时期的建筑特色于一身的综合性艺术之宫，是广东省文物保护单位
	三善鳌山庙群	三善村	内有砖雕、木雕、灰塑、壁画等	典型的岭南庙群建筑
	玉虚宫	东村朱涌	木雕、石雕	至今已有600余年
	李氏宗祠	东村		
	王家宗祠	西村		
	何氏孔安堂	西村		
	黎氏三代文魁、黎氏十世祠	安宁东街	木雕、壁画	清代建筑风格
	北帝祠	东村	砖雕、木雕、壁画	中华人民共和国成立前，东安里当甲，北帝神像在此坐镇（当甲就是轮值做东，是当地文化，北帝每年由一至两个坊里供祭）
	康公古庙	东村	木雕、石刻、灰塑	至今已有600余年

续表

类型	名称	所在地	艺术类别	背景
学生与生活	三稔厅	安宁西街	木雕、灰塑	广东音乐"何氏三杰"和誉称"南音圣手"的陈鉴以此作为启蒙和研究之地
	陈家祠	福涌村	石雕、灰塑	广游二支队司令部革命历史纪念地
	曾氏宗祠	龙岐村	木雕、灰塑、壁画	为纪念明朝永乐皇太傅曾守伦而建,已有500多年历史
	包相府	紫坭村	木雕、灰塑、壁画	一座供奉包公的古庙宇。追溯历史,宝墨园还算是这座包相府的建筑延伸
	宝墨园	紫坭村	陶塑、砖雕、灰塑、石雕、木雕、名家书法、古画及陶瓷收藏馆	集清官文化、岭南园林、珠江水乡特色于一体的仿古建筑园林
	车陂街	北村	明、清时期的建筑风格民居	典型的岭南风格大户民居大街
	安宁西街	西村	古民居"镬耳"大屋集中地,密密麻麻的蚝壳墙,如同出土化石	一条典型的珠三角富裕乡村街市
	沙湾小吃	沙湾墟	饮食文化	姜埋奶、白饼等民间小吃驰名各省市及港、澳特别行政区
学生与自然	青萝嶂森林公园	北村	鸟类保护区	内有10多种野生动物,仅灰鹭就有1000多只
	兰花种植	全镇各村	花卉欣赏	全国最大的兰花种植基地之一
学生与民俗艺术文化	国家醒狮集训基地	沙坑村	醒狮	曾多次在国际、国内大赛中取得优异成绩
	龙舟竞渡	龙岐村、福涌村	龙舟文化	每年端午节期间举行"扒龙舟"活动
	舞鳌鱼	西村	民间舞蹈	在喜庆节日或发生重大事件的日子进行助庆

续表

类型	名称	所在地	艺术类别	背景
学生与民俗艺术文化	沙湾飘色	东村、南村、北村、西村	一种造型艺术巡游表演综合活动，其特点是用一根特别的钢筋使扮演故事人物的孩童凌空飘起	距今已有600多年历史，沙湾被称为广东"飘色艺术之乡"
学生与艺人	何世良	东村	雕塑	全国著名雕塑家、吉尼斯砖雕纪录者
学生与艺人	何柳堂、何与年、何少霞	北村	广东音乐	广东音乐创始人，被称为"何氏三杰"，代表作有《赛龙夺锦》《雨打芭蕉》等
学生与群众	粤曲私伙局	沙湾墟	广东音乐	沙湾被称为"广东音乐之乡"
学生与群众	沙湾文化中心	大巷涌路	群众文化	文艺表演、书画展览、青少年艺术学习场地
学生与群众	沙湾文化广场	中华大道	群众文化	群众文艺活动场地
学生与群众	沙湾仁宝青少年活动中心	南村	青少年文化	青少年活动基地，经常举办活动

整整三年，我们无数次利用休息时间走遍镇内的大街小巷、走进宗祠和庙宇、走访民间艺人，了解灰塑、飘色的制作方法，观看民间艺人演出，学习广东音乐的专业知识，向当地妇女学习姜埋奶、炸牛奶、炒米饼等民间小吃的制作程序，并把她们请进课堂。

功不唐捐，2007年，《沙湾民俗文化》一书终于出版，拥有800多年历史的沙湾古镇的民间游艺、语言文学、衣食住行、生态生产等各种民俗文化被整理在书中。

沙湾小档案

《沙湾民俗文化》

沙湾中心小学邀请专家引领，动员全体教师参与，经过两年多的反复论证、修改，编写成了《沙湾民俗文化》一书（图1-5）。该书得到了中山大学博士生导师、中国民俗学专家叶春生教授的高度评价:"这是一本出自小学校长之手,凝聚着全校师生的智慧与心血,具有学术价值和文化价值的专著。"叶春生教授称之为"沙湾民俗文化的丰碑"。

图1-5 《沙湾民俗文化》封面

《沙湾民俗文化》不同于一般的民俗史、民俗志,首次系统地整合了沙湾乡土文化。按照民俗的学科分章,全书包含概论共十一章。它既有对民俗事象的生动描写,又有对资料的系统记载;既有志书的风情介绍,又有史书般的精辟评论。书中内容涵盖了民俗文化的方方面面,有民俗学的基本知识,还有民俗分类的具体事象,包括生产贸易民俗、衣食住行民俗、社会家庭民俗、人生礼仪民俗、生态科技民俗、岁时节令民俗、语言文学民俗、民间游艺、民间信仰、人物风情十个主题。该书被广东省民间文艺协会评为"第三届广东省民间文艺著作二等奖";被广州市图书馆和番禺区图书馆收藏;获得广州市第八届教学成果奖三等奖。它为保护和传承沙湾非物质文化遗产乃至广东省非物质文化遗产起到了积极的作用,为进一步提升沙湾文化名镇品质奠定了的基础。

《沙湾民俗文化》一书为我们今后开展教育教学提供了丰富的教育资源,也为学校开展岭南校园文化建设奠定了坚实的基础。该书出版后,学校进一步围绕"沙湾民俗文化"这一专题不断深入挖掘,课题"沙湾民俗文化校本课程的开发与利用"分别得到了番禺区和广州市教育课题立项。经过数年的实践,全校师生对岭南文化形成了一定的认识,开发了一批有价值的岭南文化课程资源,并将岭南文化的各种元素运用到课堂教学中,取得了一些优秀的师生实践成果。其中，学校开发的"鱼灯""岭南童谣"等校本课程备受好评。

现以"岭南童谣"课程为例进行讲述。岭南童谣作为广府文化的重要组成部分，在粤语文化的传承与发展中起到非常重要的作用，也是沙湾文化的瑰宝之一。在"岭南童谣"课程中，我们选择了一些在珠三角地区较具代表性且学生"喜闻乐唱"的传统童谣、现代童谣、影视童谣，其内容涵盖游戏、趣味、益智、咏志等，并编成校本学材《岭南童谣》（图1-6）。教师将岭南童谣分成"小时候""童心童趣""小脑袋大智慧""年纪小志气高""我们爱学习""我们爱游戏""经典童谣""影视童谣"8个类别，针对每个类别选2~3首歌，例如传唱度较高的、具有岭南乡村特色的、极富生活气息的童谣《卖懒》《囟囟转》等，编入教材。该举措对现有的音乐课堂教学起到了很好的补充作用，极大地促进了珠三角地区岭南文化的传承和发展。

图1-6　校本学材《岭南童谣》封面

不仅如此，我校在立足本土文化的基础上，还带着教师团队确立了"沙湾民俗文化德育活动校本课程行动研究"课题。该课题被批准为广州市中小学德育研究"十一五"规划立项课题，并成功结题。我们以《沙湾民俗文化》为蓝本，利用"沙湾民俗文化"主题班会课、主题少先队大队活动模式对学生进行德育教学，开展"沙湾民俗文化"体验教育活动，如"知先烈，学先烈""走进沙湾民居""走进沙湾饮食文化"等系列活动，让学生了解本土的生产贸易、衣食住行、社会家庭、人生礼仪、生态科技、岁时节令、语言文学、民间游艺、民间信仰、人物风情等民俗文化。我们开发系列校本课程，取得学材类、教材类成果以及教师论文集、学生成果集等各项成就。如《沙湾民俗文化——德育活动校本课程》《沙湾民俗文化——德育活动校本课程教师论文集》《沙湾民俗文化——德育活动校本课程学生成果集》中,"沙湾民居的变迁"系列活动成果获得了第24届广州市科技创新大赛一等奖;"奶香飘万家——姜埋奶制作活动"多次受到省、市、区少先队活动的邀请并作现场展示。

在综合实践课程中,学校带领学生深入沙湾古镇开展研学实践。沙湾学子们走出教室、走出校园、走向乡村,在研学的视角下走进沙湾、探索沙湾(图1-7)。孩子们身上的好奇心、求知欲被激发出来,一股前所未有的生机与活力似乎在一夜春风中迸发。沙湾慢慢揭开面纱,向孩子们展示了它独特的文化之美。

图1-7　学生在沙湾古镇参与研学活动

当时学校版画社的负责人之一冯耀堂老师,正苦苦思索如何突破版画社的发展瓶颈。原来,最开始社团发展得还算顺利,新事物的出现让人觉得很有新鲜感,教师辅导有动力,学生学习有热情,大家都能静下心来创作。但时间一长,无论是学生还是教师,都会有新意不再的感觉,对版画的热情在逐渐消退,甚至有时会出现厌恶情绪。为了摆脱这种困境,冯老师开始思考:如何才能走出自己的特色之路?学校开展的沙湾古镇研学综合实践活动,让苦思如何突破瓶颈的冯老师看到了曙光——何不借助这一机会,让版画社的学生收集沙湾文化素材,使之成为版画创作的内容,让学生尝试新的主题、新的内容?这一想法得到赖国华老师的赞同。于是,版画社开始以沙湾文化主题来引导学生创作版画作品,包括古建筑、兰花、美食、牌坊、水乡、醒狮、舞龙、龙舟等专题。版画与沙湾文化的碰撞，激发了学生的创作欲。一幅幅生动活泼的版画、插画在孩子们手中涌现，一件件飘色、鱼灯作品也在孩子们手中焕发出新的生命力。高涨的创作热情，也推动着学生不断参加相关比赛，锻炼和挑战自己。很多学生的参赛作品在省、市、区获奖，有的甚至获得国家级奖项。在学生的兴趣与奖项的激励下，2017年，学校美术科组以"基于沙湾文化背景下的少儿版画校本课程开发与利用的研究"项目成功申报番禺区教育科学"十三五"规划课题。在课题的引领下，学校在少儿版画与沙湾文化的有机融合的研究与实践方面取得了丰硕的成果。

教育与艺术的相遇，是一场爱与美的双向奔赴。在艺术的想象和创造中，教育被碰撞出绚烂的火花；在教育的浸染中，艺术将在下一代中延续生命。乡土文化是艺术的瑰宝，我们将乡土文化引入教育，期待能够提高教育资源的供给质量，增强学生的乡土文化情感并丰富学校教育的内涵，在优秀传统文化中汲取学校发展的新动力，推动育人工作走深、走实。

第二节　以美育人：为孩子们铺设和美之路

全国政协副主席、民进中央常务副主席朱永新认为："一所好学校，必须是一所有品位的学校、有特色的学校。"过去多年的教学实践中，沙湾中心小学依托沙湾悠久的历史文化而开展课程教学，并取得了良好的效果。随着学校的迅猛发展，我们意识到文化体系建设对于学校内涵发展的重要性。如何确立学校文化体系、为学生发展创设新机、为学校发展寻找新的生长点，这成了沙湾中心小学探索新发展路径时需要解决的重要问题。

学校带着教师们在国家教育教学方针中寻找指引方向，在理论追寻中寻找学术支点，在国内外教育实践中寻找参考案例，以期寻求适合学校特色发展、适合学生终身发展的顶层设计。

2009年，广州市番禺区教育局提出"上品教化"教育理念，并希望通过岭南校园文化建设中的艺术教育，提高学生的整体素质。2010年，广东教育学院德育研究中心主任李季教授来到沙湾中心小学，和学校领导班子、师生几番研讨之后，提出了打造"和美校园"的想法，使得一直在学校文化发展和特色定位的问题上苦苦思考、苦苦寻找的全校教师豁然开朗。这不只是校园文化，还是学校扎根乡土大地、从历史走向未来的发展路径，是学校对教育价值的理解和对教育改革的回答。

"和美教育"的办学理念把沙湾中心小学的教育理念融汇其中，其一经提出，便获得了全体教师的一致认同，成为学校发展和人才培养的一面旗帜。

一、穷极中外哲思，界定和美之义

在沙湾中心小学师生的心目中，"和美"是一面旗帜。为了更好地发挥这面旗帜的作用，我们对"和"与"美"二字进行了多次深层次的探究，不仅融汇了既往中西教育理论中有关"和美"的基本思想，还在一次次思想的碰撞和交流中与时俱进，创造性地对"和美"作出属于沙湾中心小学的校本新解读。

"和"与"美"，都有源远流长的"和谐教育"及"以美育人"思想作为支撑。"和"，即和谐，在"以和为贵""以和为美"的中华传统文化中，"和"早已深入国人的血液之中。在《国语·郑语》中，史伯说过："夫和实生物，同则不继。以他平他谓之和……""和"是"以他平他"，即把性质不同的东西和谐地结合在一起。史伯认为，相同的东西简单地重复不能产生美感，"声一无听，色一无文，味一无果"，只有不同的色、声、味相"和"，才能产生美。后来孔子发展了以"和"为美的美学思想，经过孟子、荀子等历代思想家、政治家、教育家的探讨和演绎，"和"的追求成为中华传统文化的核心之一，对中国古代的政治、社会、文化艺术等各方面都产生了深远的影响。古人从身心和谐，到家庭和睦，到人与自然的协调统一，再到国家间和平的价值追求，都主张达到和谐、合一的境界。

而在西方，早在古希腊时期，哲学家毕达哥拉斯就提出："整个天体是一种和谐和一种数""美是和谐与比例""和谐是杂多的统一，不协调因素的协调"。他还认为灵魂同宇宙一样，其本质在于和谐。该说法引起了广泛的共鸣，"和谐"也因此成了美学的重要命题之一。

贯通古今，融合中西，我们对"和"有了新的领会。首先，"和"是起点，在学校这个大家庭里，师生之间以及生生之间和睦相处。"和"即包容、融洽、统一、和谐，唯有容纳"不同"，才能达到"和"的境界。教师们一致认为，每个人都是不同的个体，只有真正地认识差异、尊重差异，因材发展，并鼓励个性的充分展现，才能实现多元的发展，实现和谐的目标。其次，"和"是目的。学生的和谐发展是学校教育的目标。教育作为培养人的社会活动，应以促进人的和谐发展为根本目标，即"应使人感性和精神力量的整体达到尽可能的和谐"，让教育过程和教育目的都变成幸福的事情。"关爱每一位师生，让每一位师生成为最好的自己，让每一位师生获得发展，这是学校应该做到的。"

"美"，即尚美，美是和谐的最高形式，美能调和人的感情，使人思维活跃，发挥创造性，在愉悦中达到完美之域。"以美育人"主要是艺术教育，是一种教育的方法和手段，指的是把美的载体作为教育内容，引进教育过程，从而实现和谐的教育目标。无论中国还是西方，美育都受到不同程度的重视，但"美育"真正作为相对独立的、明确的教育范畴和概念，是由德国美学家席勒于1795年在《美育书简》中提出来的。20世纪以来，西方美育思想呈现出更为多元化和个性化的特点：一是在"通识教育"中，艺术教育是不可缺少的组成部分，艺术课程在通识教育体系中占据较大的比重。二是1919年世界上第一所现代设计的学校德国包豪斯设计学院成立，它提出"艺术与工艺结合"的艺术教育观念。三是美国艺术教育家维克多·罗恩菲德在《创造与心智的成长》一书中，提出了"以儿童为中心"的艺术教育理念，他认为艺术教育的主要贡献是造就身心健康的人，艺术教育是一种培养创造力的方式。四是美国教育心理学家霍华德·加德纳提出多元智能理论，认为智能是个体解决某一问题或创造某种产品的能力。智能是多元的，每个人身上至少存在七项智能。这一理论为学校教师们带来了很多的启发，使得他们对于美育的理解愈加深刻。

基于对"和""美"的探寻和理解，我们把"和"从个体的层面拓展到关系的层面，包含人与自身的关系、人与自然的关系、人与社会的关系，并进而拓展到学校建设、团队建设的层面；把"美"从一种教育的手段上升为教育的目标。最终，学校将"和美教育"定位为"培养和谐发展的人，追求并达到美好的境界"（图1-8）。最终目标是要促进学生的和谐发展，鼓励学生个性的充分展现，实现多元发展，达到"和而不同，各美其美"的教育境界。

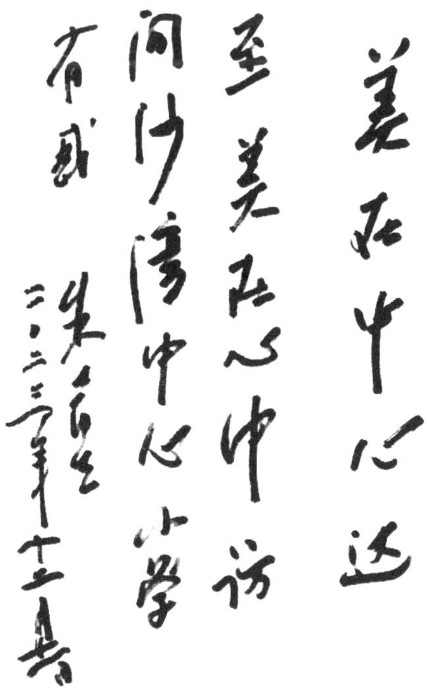

图1-8 关于"美"的专家题字（朱青生，北京大学历史学系教授、博士生导师，《中国当代艺术年鉴》主编）

二、赓续岭南文脉，独树和美旗帜

岭南校园文化是熔时代精神、中华风骨、岭南风采于一炉的统一体，它表现为前瞻性、主体性、本土性。学校文化的校本化、本土化要扎根于沙湾民俗风情，要与时俱进地"扬弃"沙湾民俗文化，"创新发展"沙湾民俗文化，使优秀民俗文化"为我所用","以岭南精神培育岭南学子,以岭南文化建设岭南校园",展现"岭南文化"的精髓及魅力。"和美教育"以800多年的沙湾历史作为沃土,将沙湾文化中的各种艺术元素,如飘色、鱼灯、舞龙、建筑等,融入学校艺术教育之中。于是,"和美教育"有了特定的指向,即以沙湾民俗文化为底色,以艺术特色教育为抓手,打造岭南传统文化和时代精神内涵相融合的学校品牌。

不仅如此,学校还形成了对"和美教育"的"和而不同,各美其美"更深层次的理解。学校建构了一种推己及人、由内而外的"和美教育"目标体系和一条先由外而内、再由内而外的"和美教育"之路。具体的路径为:在学校教育中,秉承和谐教育的基本理念,尽力消除现代教育中的不和谐因素,按照美的规律、以美的方式完善教育。挖掘教育过程中美的因素,使教育内容和方法等各要素构成一种具有美感的动力系统,以美的独特魅力和感染力,引导学生感受美、理解美、鉴赏美、表现美,并按照美的规律去创造美,以达到调动主动性、发挥主体性、实现创造性,促进学生的全面和谐发展;以此外部建设为基础,培养学生学会感受基于人性的丰富与充实,以及在对人的存在本身的肯定基础上所带来的深度愉悦,达到"悦神悦志"的感觉,使精神得到满足和升华。与此同时,承认差异、尊重差异,鼓励个性的充分展现,实现多元发展,在和谐中发现美、追求美、发展美,在和谐中各美其美、美美与共,创造"和而不同,各美其美"的和美教育境界和学校发展风貌。

三、思考教育改革,坚定艺术初心

"和美"理念形成之后,学校更加坚定了依托乡土来打造"和美教育"品牌和艺术特色的信心。由于沙湾中心小学的地缘优势,使得在"和美教育"的特色创建中,美育一直是学校的拳头品牌。随着对美育的坚持,师生对美育的理解随之加深,学校也逐渐拓宽了美育的坐标系的范围。

艺术课程过去被认为是副课,徘徊在主流边缘。随着素质教育的改革和乡土文化的复兴,艺术教育逐渐被各地各级学校予以重视。然而,真正将艺术推向前所未有的高度,让人们开始真正重视艺术教育价值的,是核心素养时代的到来,是人工智能时代的到来。2020年10月发布的《关于全面加强和改进新时代学校美育工作的意见》开宗明义,对美育进行了定义,美育的育人功能进一步得到明确。习近平总书记指出:"美术、艺术、科学、技术相辅相成、相互促进、相得益彰""要全面加强和改进学校美育,坚持以美育人、以文化人,提高学生审美和人文素养"。新时代呼唤审美意识的觉醒,党的十八大以来,以习近平同志为核心的党中央高度重视学校美育工作,把学校美育工作摆在更加突出的位置，推动学校美育实现跨越式发展。

（一）基于核心素养的艺术教育理念

2016年9月，我国正式发布《中国学生发展核心素养》总体框架，对核心素养作了内涵界定和框架构建，对"培养什么人、怎样培养人"的问题进行了深入回答。核心素养是指学生应具备的能够适应终身发展和社会发展需要的必备品格和关键能力，包括知识、技能、情感、态度、价值观等多方面的综合表现。艺术教育能够促进学生的全面发展，特别是在审美和创造力的培养上尤其重要。通过美育活动，让学生感受美、欣赏美、表现美、创造美，培养学生的观察力、想象力、创造力、审美能力和批判性思维能力等核心素养，同时增强学生的历史观、民族观、国家观和文化观。这些对于学生的全面发展至关重要，能够帮助他们在未来的学习和生活中更好地适应环境以及应对挑战。

一是艺术教育有助于培养学生的审美感知能力，这是核心素养发展的重要组成部分。它要求学生能够识别和评价不同艺术作品的美，形成独立的审美判断。通过多样化的艺术形式和作品，激发学生的审美兴趣，培养他们对美的敏感度和鉴赏力。

二是核心素养强调学生应当具备良好的表达能力，艺术表现是这一能力的直接体现。艺术教育强调个性化和创造性的表达，通过艺术创作和表演，学生能够学习如何表达自己的情感和思想，提高艺术表现技巧。艺术教育鼓励学生进行独立思考、批判性分析，有助于培养学生的批判性思维能力。这种能力是核心素养的关键要素，对于学生在面对复杂问题时作出明智决策具有重要作用。

三是创意实践是核心素养中的关键能力之一，它要求学生能够在各种情境中展现创新思维。艺术教育鼓励学生在艺术实践中发挥想象力和创造力，尝试新的艺术形式和表现手法。这种实践和创新，不仅能够培养学生的动手能力、团队协作能力，还能够激发他们的创新精神和探索精神，为他们未来的职业发展和社会适应能力奠定坚实基础。

四是文化理解是核心素养中的重要组成部分，它要求学生能够理解和尊重不同的文化传统和价值观念。艺术教育承载着传承和弘扬民族文化的重要使命，同时也为学生提供了了解不同文化、拓宽国际视野的机会。通过学习和欣赏不同国家和地区的艺术作品，学生可以更加深入地了解不同文化的特点和内涵，帮助学生建立宽广的文化视野，培养他们的跨文化交流能力和国际视野。

五是培育情感价值。情感价值是核心素养中不可或缺的一部分，它关系到学生的情感健康和社会适应能力。艺术教育能够丰富学生的情感体验，通过美的体验传递情感价值，激发学生对美的追求和向往，促进情感智力的发展。艺术作品往往蕴含着深刻的人文精神和思想内涵，能够触动学生的心灵，引发他们对人生、社会、自然等问题的思考。

六是跨学科整合的能力。艺术教育具有跨学科的性质，能够与语文、数学、科学等学科进行有机融合。通过艺术教育的跨学科整合，学生可以更好地理解其他学科的知识，提高综合素养。同时，艺术教育也能够为学生提供更加丰富的学习体验和学习方式，激发他们的学习兴趣和动力。

七是社会责任感的增强。核心素养强调学生应具备参与社会公共事务的能力和责任感。艺术教育通过反映社会现实的作品，培养学生的社会责任感和公民意识。

总的来说，核心素养的培养为艺术教育提供了明确的目标和方向，而艺术教育在培养学生的核心素养方面发挥着重要作用。艺术教育是培养核心素养、促进学生全面发展的重要途径。

（二）新课程标准下的艺术教育实施

2022年，中国教育部对义务教育课程标准进行了重大修订，其中艺术教育方面的变化尤为显著。新课程标准明确了艺术教育在义务教育阶段的重要地位，强调了艺术教育的多样性和实践性，旨在通过艺术教育全面提升学生的审美素养、创造力和文化理解能力。

首先，是核心素养的融入。新课程标准强调艺术教育在培养学生核心素养中的作用，如审美感知、创意实践和文化理解等，强调从掌握技能转向核心素养的培育。通过艺术教育，学生不仅能够提升个人的艺术技能，还能在更广泛的领域内发展必要的21世纪技能。

其次，根据新课程标准，艺术教育不再局限于传统的音乐和美术，而是扩展到包括舞蹈、戏剧（含戏曲）和影视（含数字媒体艺术）在内的五大学科。这一变化体现了对艺术教育全面性和多元性的重视。

再次，新课程标准鼓励采用多样化的教学和学习方法，如戏剧游戏或情境表演的方式，以增强学生的实践能力和创造力。同时，要求艺术教育不仅要注重技能训练，还要重视培养学生的创新意识和审美判断力。通过跨学科的艺术实践，学生能够学会如何将艺术与其他学科知识相结合，从而培养更为全面的思维能力和解决问题的能力。

最后，新课程标准指出，艺术教育的评价不应单纯依赖分数，而是应结合分项等级制和评语等多种方式，全面反映学生的学习成果和能力发展的情况。我们提倡采用过程性评价和学业水平考试相结合的评价方法，强调对学生艺术学习过程的关注。这种评价方式更加注重于学生的个人进步和能力展示，而非仅仅侧重于结果。

（三）以五育融合构建艺术教育课程体系

随着对美育理解的加深，人的全面发展也日益受到关注，"五育并举""五育融合"成为教育的热点议题，也是近年来对学校教育的新要求。基于对核心素养、新课程标准、五育融合的深入理解，沙湾中心小学根据自身多年的美育经验，提交了自己的一份答卷。

首先，在"和美教育"的"和而不同，各美其美"的理念下，构建了"和美"课程体系。"五育"都开设了相对应的校本课程，以满足每一位学生的需求，落实核心素养的培养。学校没有偏废任何一"育"，而是使其"各美其美"，并以融合、跨学科的形式开发沙湾文化融入课程，将沙湾文化融入国家课程体系、融入各类型的校本课程，其中便囊括了德智体美劳"五育"的内容，使其"和而不同"。

其次，在"五育"之中，学校以"美育"为主要特色。在数十年"美的历程"中，美育已成为学校的名片，学校也通过美育课程实践凸显了自身的教育价值。

美育之于德育。蔡元培提出："美育之目的，在陶冶活泼敏锐之心灵，养成高尚纯洁之人格。"学校在长期的美育实践中发现，在德育中融入美育，可以让学生在感受美的过程中培养良好的道德品质，使德育更加生动、形象，更易于被学生接受。因此，我们通过审美和艺术的方式引导学生树立正确的历史观、民族观、国家观、文化观，增强文化自觉，坚定文化自信，陶冶高尚情操，塑造美好心灵，为学生的人生打下一个"美"的底子。以"爱上沙湾"研学活动课程为例，学校通过开展研学旅行，组织学生走出教室、走出校园，使之在社会实践活动中增强社会责任感、创新精神和实践能力。研学任务的设计目标是着重培养团队意识、竞争意识、协作意识，培养学生与人相处，构建良好人际关系的能力。

美育之于智育。美育能够促进创新思维的培育，从而促进智育；而智育则能够提高人们认识和把握事物发展规律的能力，也能促进美育。在智育中融入美育，可以让学生在学习的过程中更加深入地理解和掌握知识，提高其综合素质。学校开发的研学课程以研学为载体，融合学科知识，旨在提升学生的学科知识运用能力。有的年级的研学任务需要运用数学知识。例如，一年级在寻找铁牛时，学生需要记录铁牛的身高和体重，而在挖番薯的实践中，小组内的同学则需要对个人及小组挖番薯的成绩进行记录和计算，通过个人及小组的横向对比，计算出个人及小组的成绩；三年级引导学生在观察地图时运用数学学科中的方位知识，在学习飘色的飘、屏等常识时，根据情景提示，计算出色柜所承载的重量。不仅如此，我们还让学生走进沙湾，与文物对话，并把思考和评价历史的权利交还给学生，使之在行走中进行文明思辨。

美育之于体育。绝大多数体育运动都遵循美学原理，都与美育交叉融合。体育是实施美育的重要方式之一，而美育则是体育的内在追求和目标之一。绝大多数体育运动，如体操运动、冰上运动、田径运动、水上运动、球类运动等，都具有各自的审美追求，甚至拳击、摔跤、击剑等激烈对抗的运动也不例外，均能让人感受力量的美。体育主要关注学生的身体健康和运动技能的培养，美育则通过艺术手段来引导学生感受身体的美和运动的美，进而培养其良好的身体素质和运动习惯。在体育中融入美育，可以让学生在运动中感受美的魅力，培养其健康的生活方式。

美育之于劳育。二者是紧密联系的。马克思在批判资本主义异化劳动的同时，揭示出"劳动创造美"的真谛。从根本目的上来说，劳动教育与审美教育完全一致，都是为了促进健康人格的发展。劳动教育是培养学生实践能力和良好劳动习惯的重要途径。而美育通过艺术手段来引导学生感受劳动的美和创造的美，进而培养其良好的劳动习惯和实践能力。在劳动教育中融入美育，引导青少年积极参加劳动，让学生在劳动中感受美的魅力，有利于培养其创造和实践的能力。研学实践活动能让小学生植根乡土文化，通过集体出行，以多种探究形式主动参与研学任务研究，了解乡土乡情并爱上沙湾，培养综合素养。强化劳动教育，使学生增加知识，陶冶思想情操，锤炼学生的意志力，学会珍惜劳动成果，从而促进学生素质的全面发展。更重要的是，研学旅行面向社会，可以让学生全面了解沙湾乡土乡情，深入了解沙湾发展的过去与未来，启发学生做好学习规划、人生规划，努力做一个有追求的人。研学旅行能帮助学生触发兴趣、发现特长、挖掘潜力，帮助学生树立终生职业目标，启迪学生规划学习生涯中的任务。研学旅行能够提高学生生活能力、激发学生创新能力，为学生发展提供源源不断的动力。

可以说，实践证明了美育的价值。美育通过审美的方式，不仅能够提升学生的审美素养和创造力，还能够与其他四育相互渗透、相互促进，帮助学生陶冶情操，培养高尚健康的品格，启迪思想智慧、激发创造活力，全面提升学生的人文素养，共同推动学生的全面发展。

四、沉淀百年传统，构建和美体系

"和美教育"的提出，为沙湾中心小学的进一步发展带来了新的生机。路标已经确立、旗帜正在飘扬，学校依托本土独特的文化优势和学校百年文化的沉淀，带领全校教师规划学校长远发展的蓝图。在反复琢磨、研究、提炼的过程中，我们提出了"和而不同，各美其美"的教育特色，并在这个核心理念下构建"和美教育"特色文化体系（图1-9），从校训、校风、教风、学风，再到课程、课堂、校园等方面不断进行渗透和充实，走出了一条有特色、成体系、接地气的"和美教育"之路。

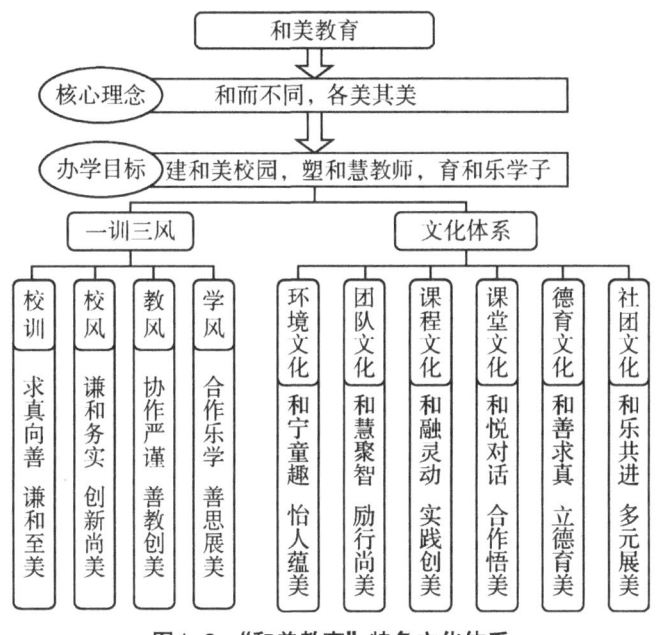

图1-9 "和美教育"特色文化体系

"和美教育"的核心理念是"和而不同，各美其美"。它犹如指南针指引着学校的发展方向。在这个基础上，学校围绕"和美"完善了校训、校风、教风、学风建设，并逐渐渗透到教学中的方方面面，深化"和善求真、立德育美"的"和善德育"；构建"和融灵动、实践创美"的"和融课程"；创建"和悦对话、合作悟美"的"和悦课堂"；建设"和慧聚智、励行尚美"的"和慧团队"；推进"和乐共进、多元展美"的"和乐社团"；营造"和宁童趣、怡人蕴美"的"和宁环境"，实现"建和美校园，塑和慧教师，育和乐学子"的办学目标。

在"和美教育"理念的指引下，沙湾中心小学以艺术教育为品牌，发扬蹈厉、砥砺前行，经过多年的理论研究和实践探索，走出了一条独具特色的艺术教育之路，展示了一幅别具一格的艺术教育图景。

第三节　儿童视角：让儿童成为校园的主角

"求木之长者，必固其根本；欲流之远者，必浚其泉源。"沙湾中心小学的"和美教育"理念是在传承百年校史、依托沙湾文化的基础上提出来的，引领学校在特色发展的道路上越走越宽阔。在"和美教育"品牌创建的历程中，沙湾文化像一股汨汨不息的泉水，滋润着沙湾中心小学这片充满生机和希望的土壤，并使这片土壤开出璀璨的花朵。在特色教育创建中，我们以"和美教育"为原点，以学生个性需求为纵坐标，以文化建设为横坐标，继续拓展美育的坐标体系，深耕艺术教育，让学校美育向着更高、更远的方向发展。

一、"让儿童站在中央"的校园设计

随着现代科技的兴起，现代校园呈现出更多样貌，在设计上更趋向个性化、多元化，引进、应用了不少先进的空间概念。然而，在这种热潮背后，有些现象需要引起教育者的反思。如在日本，许多中小学的操场依然是泥土地，有的有草，有的则是光秃秃的，但只要给他们一片土地，就不妨碍他们在课间和放学时间自由玩耍。而我们所有校园都是水泥地和橡胶跑场，这固然更有益于学校开展体育运动，但同时失去了其他的可能性。这两种对比实际上隐藏着不同的教育观念：我们是应以成人视角，还是应以儿童的本位视角，去设计我们的校园呢？

南京师范大学教育科学学院王海英教授指出，"当教育环境的创设从成人转向儿童时，儿童的逻辑、儿童的需要、儿童的审美、儿童的发展便成为环境审议和环境创设的核心元素。以儿童为本的学校，儿童不仅'在那里'，而且被'看见'、被'看懂'。更为重要的是，儿童不仅能被成人看见、看懂，更能感受到自己、看见自己、看懂自己，进而感受到同伴、看见同伴、看懂同伴。"这意味着，要让学校的"和美"文化以及艺术教育走进学生的心里，学校的环境创设、文化氛围都应该以儿童为中心，充满"儿童性"，彰显"儿童感"。

有了这样的意识，我们开始审视自身的环境设计。以学校内的主题展板和展区为例，传统的设计往往聚焦于各种教育主题，诸如红色革命文化教育、传统文化教育，以及励志的名人名言等。这些设计虽然蕴含着丰富的教育意义，且大多数都制作得精美雅致，但实际效果却不尽如人意——真正驻足观看的学生并不多。其首要问题在于，展板和展区的创设通常遵循教学逻辑，由教师主导，更多地反映了教师的想法和视角。其次，主题墙的内容往往缺乏生动性。

教师在设计过程中，更多地考虑了教学作用，却忽视了对学生活动的呈现。即便偶尔有一些学生作品的展示，也大多是教师精挑细选的结果，导致学生的参与度并不高。这样的展板和展区，实际上是以成人的视角来俯视儿童的，难以真正走进学生的内心世界，最终只能沦为校园中的背景板。尽管教师在设计过程中努力搜集和展示具有"儿童元素"的材料，以体现所谓的儿童立场，但往往还是从自己的角度出发，导致越来越多的儿童素材被堆砌在一起，却越来越缺乏生动性和吸引力，与学生的距离也越来越远。

我们开始反思，类似的环境设计到底是为儿童服务的，还是为教师服务的？他们的设置要不要考虑儿童的可持续发展？一个真正属于儿童的校园是怎样的？

一开始，学校尝试在主题教育展区新增学生的版画作品、绘画作品（图1-10、图1-11），用学生的作品装点学校所有触目所及的空间，如走廊、教室的外墙、楼梯转角的窗户，甚至走廊的天花板，都被师生们用巧思利用起来。版画、漫画、速写，都是学生自己创作、经过师生挑选的各种作品。这些作品不是以成人视角去评判和审视的，而是将主动权交给儿童，以儿童自身为中心，用儿童自己的图像、绘画、符号等形式去呈现他们对世界的认知。这些画里不止有沙湾文化的符号，还有岭南文化的其他元素，这些都是学生在学校日常学习过程中可以接触得到的元素。展板和展区从"环境创设的工具"转向

图1-10　儿童笔下的《我的老师》

图1-11　天花板上的作品以儿童的视角生动地述说着沙湾和孩子们的故事

"学习过程的呈现",真实参与、真实创作、真实设计。学生澄澈的眼睛看到的世界都在他们的笔下溢出别样的生命力,在校园里流动起来。这些稍显稚嫩的笔触体现着儿童的认知特点、同伴关系、学习品质、表征风格、情感曲线,是儿童珍惜和呵护的学习成果。

接下来,我们在空间极其有限的教学楼回廊处开辟了版画特色展区,还为版画社团的社员设计了个人成长墙。以学生为主体,记录他们在版画社团的成长足迹,把他们的个人照片和作品打印在学校的成长墙上。成长墙上的社员成为校园的小明星,让小明星们为自己和自己的作品感到骄傲,感受到自己成为校园小主人的乐趣。同时,也让他们成为同伴心中的榜样,激励同伴为自己的成长鼓劲。

不满足于教学楼的有限空间,我们走出教室,把眼光投向了校园里的墙砖、地砖。我们与石砖工厂合作,为全校师生投票选出的学生代表作品定制独一无二的版画石砖(图1-12),并在版画石砖上刻上了学生的名字。

图1-12 沙湾中心小学定制的独一无二的学生版画作品石砖

除了用学生作品来装点校园,学校的自然景观种植园也沿袭了学生参与、学生做主的思想。在校园景观建设过程中,为体现广州作为"花城"的岭南特色,把"花"作为最突出、最重要的元素,我们邀请了中国科学院华南植物园的工程师来到学校,根据沙湾的气候地理条件,结合学校整体环境布局进行植物种植整体设计。不仅如此,为凸显学生的主体地位,让学生参与景观设计,我们还特别将教学楼四楼开辟为种植园。每个班级在种植园内认领一块土地,由班级学生自行决定种什么花草。如今,经过学生精心装扮的种植园就像一座大花园。花圃里种满了各种藤蔓植物，棚架上挂满了百香果等四季果实……学生既体验了劳动种植的快乐，也收获了对自然和环境美的感知与体悟。

可以说，作为一所乡村小学，我们在有限的空间里，让儿童站在校园的中央，以儿童的视角去思考、挖掘环境的美育价值，让学生真正成为校园的主人，以此拓展出无穷的可能性。

二、"由学生做主"的学校吉祥物

仅靠环境设计是远远不够的，以儿童立场、儿童友好为育人理念的校园还要充分发挥学生的自主性，让学生自主为校园文化进行设计。以学校吉祥物为例，随着特色教育、校园文化的兴起，很多学校都设计了吉祥物，但大部分吉祥物要么是教师设计的，要么是由广告公司操刀的，尽管看起来尽善尽美，但这些是否能够真正走进学生内心，激起全校师生发自内心的认同呢？

沙湾中心小学开展了"我的吉祥物我做主"活动，向全校学生及家长发起"和美教育吉祥物平面图形设计大赛"，征集吉祥物图形。我们把吉祥物创作的主动权交给学生，让他们借助图画、符号等表征方式，发挥想象力和创造力，呈现他们的想法。为了提高作品的质量，美术科组教师特意组织参赛学生和家长进行吉祥物设计培训，让学生和家长共同参与设计，使作品呈现的效果更好，更能体现学校的办学理念与特色。经过两轮初赛，学校一共收到173件作品。经过评委的评选，最终评选出20件优秀作品并在学校橱窗进行公示（图1-13），再发动全校师生对这20件作品进行投票，选出自己最喜爱的作品。师生们都认真地鉴赏作品，纷纷投出具有重要意义的一票，都希望选出最能代表学校的吉祥物。

图1-13 学校开展吉祥物作品征集活动

经过征集,最后选出了吉祥物——"和和""美美"(图1-14)。"和和""美美"是学校教育理念的生动展现,不仅将"和美教育"理念和沙湾文化特色、学校人文历史有机地整合在一起,更好地体现地方特色、发挥教育功能;更重要的是,把主动权交给学生,让学生当校园的小主人。这个看似简单的活动,既解放了教师又成就了学生,把校园文化创建、环境创设这项艰巨的工程从教师被动制作转向儿童主动创作,"教学逻辑的设计"转向"儿童立场的表达"。尽管在这个过程中,学生、家长面临的问题远比把设计交给广告公司更加烦琐,但在设计的过程中,学生和家长们共同讨论、协商决定,想方设法解决问题,这就是真实的学习、真实的成长。在这一过程中,我们发现了一个个独特的儿童、完整的儿童。

图1-14 吉祥物"和和"与"美美"

学校将用吉祥物"和和""美美"作为主要设计元素、具有各社团特色的造型设计作品展示在学校各处,让校园处处彰显着"和而不同,各美其美"的文化特色,并将学生创作的作品印在学校的各类文创作品上。此外,学校还将对吉祥物进行二次创作,设计出一系列的微信表情包(图1-15)。该表情包一经上线,就受到了全校师生和家长的喜爱,在学校与家长之间架起一座可爱又接地气的桥梁。

图1-15 沙湾中心小学吉祥物表情包

三、"看见儿童"的壁画

木棉参天,蚝壳墙屋,学生们在石桌上一刀一笔地版刻;粤韵飞扬,童声歌唱,学生们拉二胡、大合唱,一串串音符飞扬在校园上空;跳板上,小运动员飞身一跃;击剑赛场上,两个健美身影你来我往……这就是沙湾中心小学校门口墙面壁画《我的地盘我做主》。

截至2016年,在"和美教育"的艺术教育道路上,我们已经坚持了17年。为了纪念学校所取得的教育成果,也为了提升学校的标识度,学校决定在校门口设计一幅壁画作品(图1-16),作为校园文化的一个缩影。

图1-16 校门口壁画

在选择壁画的表现形式时,学校领导和老师们思考了多种形式。最终,学校结合全校师生的共同意见,采用了学校的品牌特色——版画作为主要形式。学校的艺术教育是从版画启幕的,版画已经成为沙湾中心小学的一张名片。从更深一层来看,版画通过一笔一笔地画、一刀一刀地刻,展现了创作者的独具匠心和对美的理解,这与学校的艺术教育理念不谋而合。

形式确定了,那壁画由谁来设计完成呢?我校再一次另辟蹊径,既不延请名家,也不向设计公司招标,而是由学校美术教师独立完成。出自"他者"的量身定制或批量流水线生产,即使移栽到校园中,多少都会有种疏离感;哪怕是量身定做,如果没有师生参与,也很难得到大家的认可。既然如此,为什么不自己来操刀呢?"从设计费用里省下的经费,可以用在学生身上,让更多的学生受益,这不是一举两得吗?"学校经费有限,要把钱花在刀刃上,在我校领导眼中，学生就是"刀刃"。

接下来就是壁画所要呈现的内容。有的教师认为，沙湾中心小学是以"和美教育"为特色、以沙湾文化为源泉，那么就以沙湾文化为主题进行设计，同时也是一种乡土文化教育；有的教师则认为，沙湾文化属于岭南文化，应该把格局放大到整个岭南文化……但校长却另有想法。

"这幅壁画作品主要是校长的主意，他希望我创作一幅以表现校园生活为主题的壁画，所以《我的地盘我做主》就诞生了。"壁画作者赖国华老师回忆着作品的创作过程。"我常说，我们学校的孩子非常幸福。其一，是因为我们的课程丰富。在开齐开足国家规定课程的基础上，还开设了艺术选修课、体育选修课、乐玩课等特色课程。其二，是我们的社团文化丰富多彩。如蒲公英版画社、佐罗击剑社、小百灵合唱团、蹬噔舞蹈社等近30个社团极大地丰富了孩子们的课余生活，让他们在各自喜欢的社团里尽情放飞自己的童年梦想。这件作品正是取材于我们的社团文化，采用了特殊的'相片墙'式构图，将不同社团生活的精彩片段，以相片的形式定格在我们眼前。"赖老师采用的这种"相片墙"式构图，将沙湾学子的校园生活如相片般雕刻成版，最终呈现在全体师生眼前。

《我的地盘我做主》既不以沙湾文化、岭南文化为题材；也不刻画圣人孔子，或者各界的名人；更不写千古咏叹的诗篇。它只讲述沙湾学子的故事、在沙湾中心小学真实发生的学生生活。这是"我手写我心"，用"我"的笔和刀，从"我"落笔，去刻下"我"的故事。这份忠于自我之情，是沙湾人文浸润下的从容与自信，是沙湾学子的底色。

这是"被看见"的力量。"生命的本质，在于被看见。"孩子的内心世界，就像一个藏满宝藏的盒子。在这个盒子里，有智慧、有理性、有意志、有品格、有美感、有直觉，满满的都是生命的能量。如果不能走入孩子的内心世界，去感悟这种生命的能量，我们就无法真正理解教育的真谛，就永远找不到教育的力量。而这一切，在《我的地盘我做主》这一壁画中被看到了，击剑时的奋力一击，在跳板上跳水时的沉着坚毅，投篮时的永不放弃，合唱时的心有灵犀，制作航空火箭模型时的星海梦想，拉二胡时的投入陶醉，刻版画时的独具匠心……在一抬头一扬眉中，生命涌动的能量在此刻都被看见了，被永久地定格在围墙上，也刻在了沙湾中心小学所有师生的心头。

在这一系列的文化建设实践中，原来立在儿童面前的挂满了教育教义的展区，不再是一堵与自己无关的墙，而是留下了自己双手印记的一个个创作；校园里的一草一木，不再如同摆设，而是学生亲手种植的生命。这不仅打破了儿童面前的一堵墙，更是从教师本位到儿童立场的转变，助推了儿童自主学习与发展的进程。学生的角色发生转变，他们不再是已有环境的享用者和体验者，而是参与者和创设者。学生有意识、有权利、有能力对自己的生活空间、学习空间、游戏空间进行创设，使环境充满他们的设计、发出他们的声音、呈现他们的想法，这才是学校教育的"儿童立场"。只有让学生站在校园中央，让教育回归儿童本位，才能真正服务于儿童，服务于成长。

第四节 五育融合：和融灵动的课程构建

《我的地盘我做主》活灵活现地展示了沙湾中心小学学生丰富的校园生活，这既是学校在"和美教育"引领下的课程构建成果，也是五育并举在艺术教育中融合的结果。要为沙湾学子铺设一条艺术之路，课程是重要的载体。因此，在20多年的课程实践中，我们逐渐打磨出五育融合、和融灵动的艺术课程体系。

一、以生为本的课程目标

办学理念是特色课程建设的灵魂所在，课程体系则是指引课程实施的导航。围绕"和美教育"的办学理念，我们扎根沙湾文化，培育时代新人，提出了"让每个学生都能找到适合自己成长的舞台"的课程建设目标，梳理和美课程的"质量观、素养观"，做到"超越课堂、超越教材、超越自我"。

二、层级立体的课程结构

课程是学校教育发展的核心，其植根于学校特色，并随着学校的理念文化不断壮大。和其他学校的课程体系结构不同，沙湾中心小学将课程分为文化融合课程群和体验至美课程群（图1-17）。文化融合课程群主要是国家课程的校本实施，体现全体性，包括沙湾文化融入课程与和美文化融入课程；体验至美课程群为学生选修课程，体现个性化，分为体育选修、艺术选修、乐玩选修、社团选修。

注重美育，是"和美教育"应有之义。立足沙湾这一和美乡土和民间艺术之乡，学校尤其重视美的教育，首要就是开发和实施艺术课程。根据艺术课程标准解读，艺术课程包括音乐、美术、舞蹈、戏剧（含戏曲）、影视（含数字媒体艺术），是对学生进行审美教育、情操教育、心灵教育，培养想象力和创新思维等的重要课程，具有审美性、情感性、实践性、创造性、人文性等特点。

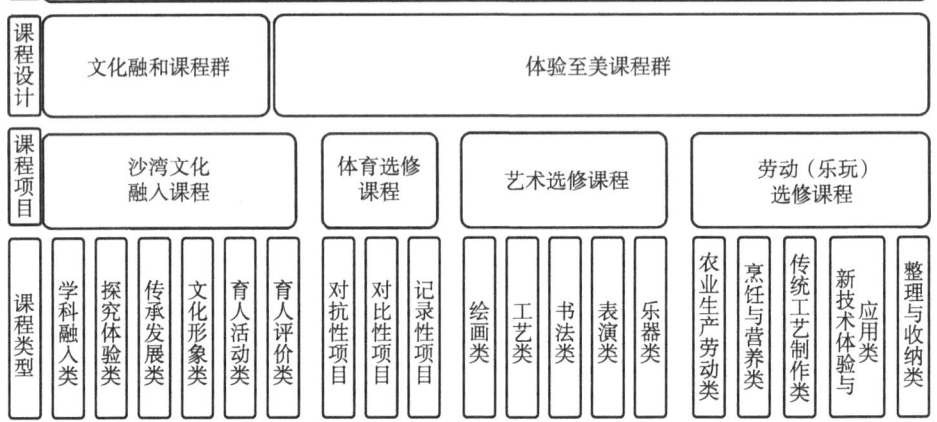

图1-17 "和美教育"课程体系

因此,除了开齐开足国家的艺术课程,学校还在和美课程体系中构建了立体化的美育课程体系。一是国家课程,包括国家课程的校本化实施和学校选修课程。二是融合课程,包括研学实践课程和跨学科项目学习课程。三是艺术社团选修课程,包括版画、粤剧等艺术社团。四是艺术活动,包括校内外的各种活动交流。

其中,国家课程、融合课程、艺术活动是普及型的、全员性的;艺术社团选修课程是特长型的。由此,促使学生由兴趣向特长发展,同时,学校对学生应进行由普及向提高的阶梯式发展培养。在"和美教育"办学理念引导下,横向上,学校以校本课程、活动和社团为基础,创设了多层次的课程体系;纵向上,为促使传统文化进入校园,学校以专题项目贯穿课程体系,将校本课程、活动和社团串联起来,形成对专题项目的系统性探究。例如,版画项目分为三个层次,采取三位一体的教学方式,即:面对全体学生,采用以体验为主的课堂常规教学;面对有兴趣的学生,采用以技能培养为主的艺术选修课教学;面对版画尖子生,采用以创作为主的社团培优教学。

在艺术课程体系构建中,学校把课程研发和乡土资源紧密结合,从国家课程到地方课程再到校本课程、校园活动,都夯筑在沙湾的土壤之上,让乡土文化融入校园，激活课堂，激发学生探究欲，从而重建了学校的教育教学生态。

（一）国家课程

1. 校本课程

沙湾古镇，有和衷共济的宗族文化，有美轮美奂的艺术文化，有传统精美的饮食文化……"诗书世泽""文学流风"记载着沙湾的祖祖辈辈对教育的重视与支持；"何氏三杰"、何炳林等杰出人物为古老的沙湾文化增添了灿烂的色彩。因此，我们充分利用这一地域优势，在音乐、美术、综合实践等课程中结合教学内容及学生成长的需要，让学生挖掘身边的学习素材，把地方资源融入课堂教学。艺术科组根据学校已有的《沙湾民俗文化》，以及学科自编的《沙湾乡土美术》《岭南童谣》等系列校本教材，继续深入开展乡土文化专题教学研究活动，让艺术更贴近学生的生活。

在教学活动实践过程中，老师们尝试了在课堂教学中渗透、开设专题讲座、外出探究学习等多种教学方式。这不仅激发了学生学习美术的兴趣，丰富了学生的美术创作题材，提高了学生美术创作水平，还开拓了教师的教学空间，充实了课堂教学的内容。同时，也吸引了部分专家关注沙湾的美术教育。

2. 选修课程

一是艺术选修课。"兴趣是最好的老师"，为了促进学生艺术专项技能的发展，学校于2009年起开展了选修课程建设，三至六年级每周分别安排一节艺术选修课。选修的内容根据本校教师的艺术特长，同时征询学生学习的意向，增设有时代气息的内容。经过几年的探索，学校形成了富有本校特色的艺术选修课，开设有合唱、舞蹈、形体、版画、国画、摄影、书法、街舞、软陶、拉丁舞、古筝等课程。如在古筝课程上，学生可以在至少一年的时间里学习古筝演奏技巧，了解古筝文化艺术，提升素养；"拉丁舞"社团为学生学习基本的拉丁舞技能提供了很好的途径，原本很少有男同学参与的舞蹈，如今也有不少的男同学积极参与其中。学校每学年会根据学生的实际需求，对选修课程进行适当增减，尽可能让每一位学生都选到自己喜欢的项目。

每学年由学生自主选定一个项目，每学期进行1次考核评价，举办家长开放日活动，通过1年以上的学习促进学生对专项技能的掌握与提升。经过4年的学习，大部分学生都能至少掌握2项体育技能和1项艺术技能，此举为学校各艺术社团输送了大批的优秀成员，促使很多学生成为社团骨干。同时，也为每年的校园文化艺术节提供了很多优秀节目，给学生提供展示自我的平台，助力学生健康快乐成长。

二是乐玩选修课。除了艺术选修课，学校坚持给每位学生每周半天"乐玩"时间。学校整合综合学科课程，把地方艺术文化融入学校开设的乐玩课程中，从而形成了富有本土特色、与生活艺术相关的项目，如鱼灯制作、飘色、秀美、盘发、编织、布艺、衍纸、插花、形体等课程。学生根据自己的喜好，选择自己喜欢的项目，能够100%参与乐玩课程。

例如，在鱼灯制作课程上，让学生在日常的课堂中学习鱼灯制作技巧，了解鱼灯的知识及其发展历程，还参与每年一度的鱼灯巡游活动。在飘色课程上，让学生探究飘色发展的历程，了解飘色制作的奥秘，参与飘色巡游活动，使学生在感受传统文化的同时，爱学校、爱家乡，更爱祖国。

选修课上，任课教师每学期对每一位参加项目的学生进行登记与评价，并将成绩记录在个人的成长手册中。在师资聘用方面，学校一方面通过发挥本校教师的自身优势，另一方面发动家长资源，更有通过购买少量资源服务，满足学生不同的爱好。

（二）融合课程

五育融合，是新课程改革的一大趋势。艺术教育的新课标中也强调了融合、跨学科学习的重要性。在沙湾中心小学的艺术旅程中，早已渗透了这一思路。从综合实践的校本化到融合课程的特色开发，我们还探索了研学旅行和跨学科教学两种模式。

艺术融合研学旅行课程是一个结合艺术教育和研学旅行的创新教学模式。研学旅行是一种结合教育和旅游的活动，目的是让学生通过实际参观、观察、实验等方式深入了解某一领域或主题，丰富阅历，提升综合素质。我们在课程开发中，以沙湾古镇为研学基地，以沙湾文化为根基，开展了一系列的研学旅行课程，比如"沙湾古建筑中的雕塑艺术探究活动""走进沙湾飘色文化系列活动"。

跨学科教学则是一种新的教学方法，是通过跨越学科边界的方式进行教学，形成一个更加综合和完整的知识体系，培养学生的综合思维能力和解决问题的能力。比如，"沙湾粤曲'私伙局'历史与发展的调查活动"是以私伙局为主题，以调查活动为任务，跨音乐、语文和数学等学科进行的教学活动。

研学旅行和跨学科教学都强调知识的综合性、融合性、实践性和学生的自主性，前者强调实地考察和亲身体验，后者更注重不同学科之间的融合和互动。我们分析这两种模式的不同优势，在实际教学活动中根据主题和实际情况进行选择。

(三) 艺术社团选修课程

学校社团是用来展现学校文化的舞台，学校通过"阶梯发展"与"竞赛提升"两个途径，为社团的可持续发展奠定良好的基础，并根据学生的需求不断完善社团，以尊重学生个性发展为出发点，满足学生的发展需求。当学生有了一定的基础，也对课程产生兴趣时，教师会鼓励他们继续提升自己，加入学校的特色社团，如小百灵合唱社团、蹬噔舞蹈社团、蒲公英版画社等。

社团成员经常参与校园比赛、校外竞赛，在社团活动中展示了才能，促进了个性的发展，登上了更多、更大的舞台。学校自成立社团以来，多个社团获得了蓬勃发展，社团活动欣欣向荣。例如，蒲公英版画社被评为番禺区中小学生品牌社团，小百灵合唱社团被评为番禺区优秀社团，蹬噔舞蹈社团经常被邀请到沙湾古镇进行展演。

(四) 美育活动

为了丰富学生的美育体验，促进学生全面发展，我校还开展了校园艺术展览、音乐会、舞蹈表演等活动，让学生有机会接触和欣赏各种艺术形式，从而培养他们的审美能力和对美的敏感性。同时，通过参与艺术创作和表演，学生能够更深入地理解和体验艺术的美，激发自身的创造力，培养独立思考和创新的能力。美育活动主要分为校内活动和校外活动。

1. 校内活动

为孩子铺设艺术之路，少不了搭建艺术的舞台，引导他们从学校的"小舞台"走向人生的"大舞台"。沙湾中心小学充分当好舞台的搭建者，不但坚持每年举办一次大型校园艺术节，而且还带领学生参与到各类社会活动中。

（1）每年一届大型艺术节。

在"和而不同，各美其美"理念的引领下，学校数十年来坚持每年举办一次大型校园艺术节，为学生提供适合自己个性成长的舞台，促进学生的个性发展，分享成长的喜悦。新校落成至今，已成功举办了二十五届，而且一届比一届精彩。艺术节活动分两大内容，一部分是全校学生的美术作品比赛，包括绘画、书法、手抄报、摄影、墙报等；另一部分就是音乐演出，包括合唱、小组唱、舞蹈、乐器、语言艺术等。

学校每年围绕不同的主题举办舞台表演艺术节，让学生通过自主选择的形式展示自己的艺术水平，学生参与率高达100%。在学校改造了舞台后，学校的舞台演出由原来的全校海选节目提升为级部舞台表演节目。这是为了让更多的学生走上舞台，展示自己最好的一面。艺术组通过级部节目的表演，从中挑选出最有表现力的节目去参加学校舞台的演出。艺术节从活动方案的制订、组织实施、海选排练到正式演出，历时3个多月。这形成了"学生组织、教师指导、家长协助"的组织形式，以及"级部展演—学校会演"的演出模式。对参加艺术节表演的节目，艺术组都进行评奖并全校公布，纳入班级评奖内容。艺术节表演形式多样化，使学生真正感受到艺术给生活带来的乐趣。

（2）定期举办作品展示活动。

艺术教育要坚持"走出去"。美术组定期为学生进行作品展示，学校的艺术长廊、社团天地、美术室的选修课展示等，定期更新学生的作品。同时，争取并创造机会，通过联系组织，让学生的优秀作品得以走出校园，迈向古镇，迈进区、市甚至省级展览馆；也通过多种途径，争取让学生的作品发表在各类刊物上。如今，学校蒲公英版画社在广州市已有了一定的名气。

2. 校外活动

校外活动则是让学生走出校园，参与社区服务、文艺演出、文艺交流等活动。这些活动能够让学生将艺术创造与社会实践相结合，增强社会责任感，提高实践能力。

一是民俗活动，例如鱼灯、飘色巡游。鱼灯巡游活动是沙湾具有传统文化特色的民俗活动，学校老师每年都会带着学生参加。这些民俗活动不仅能够让小学生近距离体验和学习地方传统文化，还能增强他们的集体荣誉感和参与社会活动的积极性。

二是社区演出，如新年音乐会、元旦义卖活动、沙湾广东音乐馆演出、敬老活动等。结合本地区的民间艺术节，艺术组各社团组织学校参与社区演出，让学校的艺术教育走出学校，走向沙湾。

三是文化交流活动，如美术馆、博物馆展览活动。学生可以通过参观甚至展出作品参与到这些活动中来，提高艺术素养，培养审美能力和创造力。又如艺术工作坊、社区艺术项目、艺术俱乐部等，学生可以通过各种形式的艺术交流、鉴赏与创造，锻炼艺术创造能力，加深艺术体验与理解。

这些活动不仅丰富了学生的校园生活和美育体验，还为他们提供了展示自己才华的平台，有助于培养学生的综合素质。同时，这些活动也促进了学生之间的交流与合作，增强他们的集体荣誉感和团队精神。

三、打破边界的课程实施

随着社会的进步和科技的发展，未来，教育对人才的需求越来越趋向于多元化和综合化。新课标下的小学教育要勇于打破边界，通过无边界、跨学科的教学，培养学生的综合素质和创新能力。

（一）学科边界

我们主张跨学科学习，鼓励教师根据主题整合不同的学科知识，如将语文、数学、科学、艺术等学科知识融合在一起，设计综合性的学习项目，以解决实际问题。

（二）内容边界

打破传统美育课程的局限，引入多元化的美育资源，如沙湾文化、红色文化等；开发具有地方特色的美育课程，如沙湾飘色、鱼灯等，丰富课程内容，让学生在创造体验中感受美的力量。

（三）资源边界

学科和内容边界的打破需要加强资源的深度整合。一方面，我们加强学校、家庭和社会之间的合作，共同为学生提供多样化的美育实践机会和资源，形成学校、家庭和社会"三位一体"的推进机制。另一方面，充分利用社区、博物馆、艺术馆等社会资源，开展美育实践活动和志愿服务活动，拓宽学生的视野和经验。

（四）模式边界

首先，在教学模式上可以采用项目式学习、任务式学习、探究式学习等模式，通过提出问题的方式，引导学生自学和解决问题，形成汇报成果或创造性作品等；引导学生通过探究的方式学习，培养和增强他们的好奇心、探究能力和解决问题的能力。

其次，采用小组合作形式，培养他们的团队协作能力和沟通能力。

再次，引入信息技术手段，为学生提供丰富多样的学习资源和平台，提高他们的学习效率和质量。

（五）空间边界

学校的美育课程要打破边界，最直接的方式是突破空间边界。这意味着要将美育教学从传统的课堂环境中解放出来，拓展到更广阔的学习空间，以丰富学生的审美体验和艺术实践。沙湾中心小学的美育是沙湾这片土地孕育出来的，因此我们的美育课程也要走出教室，走向沙湾这片土地，乃至更广阔的天地。

总的来说，打破传统美育的桎梏，实现新时代美育体系的创新，需要从理念、内容、教学、资源等各方面不断突破和改革，通过美育体系的多元化、开放化，去实现学生个性化发展。

美学之父鲍姆加登在讨论"审美训练"时，用了"沸腾"一词，其大意是人体验"沸腾的审美情绪"，由此再会臻于美学，最终才使美成为一种教养。"情感要沸腾，思维也要沸腾，情感与思维沸腾了，学习生活便会沸腾起来，于是，美就来到了课堂，来到了儿童的心灵。儿童是美的，儿童立场便是美的，教育便是美的。"①沙湾中心小学创建五育融合的课程体系，让学生自主选择感兴趣的艺术项目；构建以学生为主体的课堂，让学生演绎自己的成长故事。在这样的课程文化中，让儿童在生活中沸腾着，在美的世界中沸腾着，在思维的王国里沸腾着，这样的艺术教育才是鲜活的。

第五节　赋能有方：和慧聚智的团队文化

《礼记·学记》有云："师者匠心，止于至善；师者如光，微以致远。"教育之光，源于师者。和慧聚智的团队文化是"和美教育"可持续发展的根基。为每一位师生搭建成长的舞台，让全体师生相信光、成为光，一直是学校教育工作追求的目标。

一、组建高水平的美育团队

为组建更高水平的艺术教育团队，学校在着力推进艺术教育之初便引进了专职的艺术教师。这些教师每周都安排固定的时间，参加区、镇级的培训及教研活动。经过多年的磨炼，他们大多已成为该学科的领头人、教学骨干。2012年，学校美术科组被评为"广州市小学美术优秀教研组"，版画教师团队获"广州市好教育系列竞赛好教师银奖"。2015学年，学校美术科组获得番禺区优秀科组评比一等奖。冯耀堂、赖国华老师先后被评为"广州市十佳美术教师"。冯耀堂老师成为番禺区名师；赖国华老师成为中国美术家协会藏书票研究会会员、广东省美术家协会会员；洪剑华老师被评选为"广州市音乐骨干教师""广东省合唱协会理事""番禺区教师合唱团指挥""番禺区十佳指挥"；刘秀珠老师是中国舞蹈家协会注册舞蹈教师、国家高级礼仪指导师。李梦婕老师是番禺区优秀合唱指导老师。

为了满足学生全面发展的需要，学校聘请有专项特长的教师，充实艺术教师队伍，开展艺术选修课程。如书法老师古新民是岭南书法家，琵琶、二胡、古筝、拉丁舞老师都是本地区知名的艺人或教师。每学期，广州美术学院、岭南师范学院等艺术科的实习生会到学校进行实习、支教，此举也增强了学校的

---

① 成尚荣.儿童立场[M].上海：华东师范大学出版社，2018.

师资力量。

此外，学校还充分挖掘社区人力资源，通过沙湾文体中心邀请本土民间艺人进校园，其中包括"私伙局"翠园乐社社长韩继基、琵琶老师何志强、二胡老师黎绍初、飘色协会会长黎伟明等。这些民间艺人进入课堂，传授技能，也传递着对传统文化的热爱之情。

为落实艺术教育管理工作，学校把艺术特色建设纳入每一届五年发展规划，并落实到每一学期的学校工作中。学校建立健全艺术教育工作小组，安排学校副校长分管艺术教育。每学期召开艺术教育专题会议，讨论新学期的艺术教育工作，分阶段检查、总结工作进展情况，落实日常的管理工作，规范训练要求。艺术科组在组长的带领下，每月做好科组集备工作，研究设定教研专题。为了提升艺术教师的水平，学校对艺术教师实行"两个优先"，包括优先安排艺术课程和优先审批培训资金。每周固定一个下午，安排美术教师进行集体创作、教学交流活动，音乐教师到区里进行艺术训练。在课程安排上，教导处每学期会优先安排他们的课程，保证艺术教师能够安心培训学习。如果艺术教师外出培训或参观学习等，学校会优先给予审批。除此以外，学校还定期邀请专家进校，促进艺术教育的交流，借助名家的力量开阔艺术教育的视野。

二、重塑美育教师的角色

在传统艺术教学中，教师的角色是比较单一的。他们在教学中处于中心地位，直接以文化权威的身份出现，在知识技能和道德方面具有不可动摇的权威性。师生之间是直接的传递性授受关系，师生关系的单一性与教师角色的单一性是一致的。在新课程标准理念的指导下，艺术教师应以各种方式调动和引导学生参与学习活动，引导学生在经过精心设计的情境中进行探索。这时，师生之间不再是单一的授受关系，更有可能是同伴关系、组织者与参与者的关系以及帮助者与被帮助者的关系，教师的角色也相应地向多重性演变。

1. 教师是践行传统文化的追光者

作为一名教师，要想照亮学生前行的路，必先相信光、追逐光、靠近光，最后才能成为光、散发光。党的十八大报告提出了"建设优秀传统文化传承体系，弘扬中华优秀传统文化"的重大任务。传承中华优秀传统文化，关键是培养优秀传统文化传承体系的践行主体。由于在学校的艺术教育中传播传统艺术与传统文化的机会特别多，无论是教材上的内容还是欣赏的名作，或是创作的题材，很多时候都离不开对传统文化的表现。出于职业的敏感性，沙湾中心小学艺术教师对传统文化，特别是对中国传统文化特别感兴趣，并且乐于把传统文化传授给学生，成为践行传统文化的追光者。

学校校长就是沙湾传统文化的忠实拥趸。在《沙湾民俗文化》的编写过程中，校长不仅带领相关教师深入调研、收集原始资料，更用充满温情的笔触记录下那些口耳相传的故事和风俗。在学校各个与沙湾文化相关的课程中也能见到他的身影，他不仅在舞蹈社团的《奶香飘万家》的舞蹈表演中亲自参与道具制作和演出，更在"爱上沙湾"研学活动中担当导游，与学生一同探究，乐此不疲。正是他这种数十年如一日的坚持感染和带动了整个团队，这种对传统文化的热爱在教师团队中已成常态。

粤剧社团的黎宝婵老师虽然不是专业粤剧演员，但作为沙湾土生土长的儿女，在粤剧传统文化中浸染长大的她，对粤剧有着近乎痴迷的热爱。她在教书期间还曾自费参加粤剧培训营，此后更是苦学不辍。在得知学校要创办粤剧社团，亟需一名带团教师之后，黎老师第一时间便报名成为粤剧社团的老师。在社团成立后的这些年，无论是日常的上课练习，还是带学生参加比赛、演出活动，她都是亲力亲为，从不缺席。用心去发掘校园里有潜力的好苗子，即使有些学生可能中途放弃，她也从不放弃，始终用心中的热爱之情去感染学生。

美术教师冯耀堂也是传统文化的爱好者，他认为，版画是一门特殊的传统艺术，它综合了绘画、制版和印刷三方面的内容，版画中那种自然、简洁、朴实、雅拙的美，对小学生的熏陶有着不可估量的作用。冯老师在传授技能技法的同时，更注重对学生进行版画文化的渗透，让学生了解版画创作的内涵，懂得欣赏版画的美，让学生学习中国的传统文化，从而把传统文化传承下来。

2. 艺术教师是本土文化创新的掌灯人

不同地域有着它独特的风土人情，人们的生活方式构成了当地特有的文化。学校鼓励教师在传承本土文化的基础上对其进行创新，以适应时代发展的需求。要让"教师不但成为课程实施中的执行者，而且要成为课程的建设者和开发者"，"给予教师更大的教学空间"。

我们倡导教师积极地开发本土文化资源，把本土文化资源融入美术教学中，通过实践编成校本课程。在这个过程中，要注意课程资源的选择、学习场所的考量、工具材料的利用、学习方式的运用等多方面的考虑，在内容与形式、表现材料上有所改革创新。只有对本土文化进行传承与创新，学校的美术教育才能更丰富、更完整、更具有发展动力。

例如"沙湾乡土美术"这一课程，在开发沙湾本土文化资源时，老师们不单单向学生介绍沙湾的文化，还带领他们深入古街巷感受古镇魅力、探访老艺人、体验民间艺术等。然后引导学生对这些传统文化加以创新，融入新的元素，体现社会的时代性。冯耀堂老师就是这样做的：让学生有兴趣，教师有收获，学校有特色。

我指导学生用版画独特的形式去表现沙湾的文化，以刀代笔刻下一段段沙湾古镇的历史文化长卷，创作出"沙湾古建筑""沙湾水乡""沙湾兰花"等题材的一批版画作品。古色古韵的民居、自然和谐的石板街、淡雅高洁的兰花、栩栩如生的醒狮、身手敏捷的舞龙者、独具特色的小吃、朴素自然的水乡均体现在这些作品中。我们还把"八音锣鼓"和"沙湾飘色"用矿泉水瓶、铁丝、纸黏土、陶泥等材料制作成立体手工作品，把一个个飘色人物和八音锣鼓人物表现得栩栩如生。原来本土文化可以在美术教师的引领下，利用现代的工具、材料和技术重新以另一种方式更好地得以表现，为更多的人所了解和认识。

为了能更好、更全面、更完整地开发和利用本土文化资源，我一般都是以课题引领的方式来开展研究，在专家的指导下一步一步地解决每个问题，与学生一同在传承本土文化的同时对其进行一个全新的利用。

"在教师的成长过程中，技能技巧是第二位的。"[①]著名人民教师于漪如是说。那么什么才是第一位的？"什么是教师？教师就是为学生点亮人生明灯的，当然首先要自己心中有太阳。教师心中没有太阳，怎么把阳光洒到学生的心中？"[②]对于艺术教师来说，对艺术的热爱与追求就是教师心中的太阳，也是点亮学生的明灯。沙湾中心小学多年的经验证明，在艺术教育中，教师不仅心中要有对艺术的热爱，以及对传统文化、本土文化的热爱，还要做文化的追光者、掌灯人，唯有如此，才能将心中的光亮洒向学生。

三、重建教师专业成长路径

（一）名师传帮带

张之洞曾说："读书宜有门径。泛滥无归，终身无得；得门而入，事半功倍。"和读书一样，教师的成长也需要寻门径，得门而入。名师传帮带便是门径之一。

俗话说：火车跑得快，全靠车头带。如果把学校比喻成火车，名师就是车头；想要加快学校的发展，就得最大限度地挖掘名师的潜力，发挥名师在教师队伍中的示范辐射作用，让名师优秀的教学业绩、扎实的教学作风、过硬的教学素质来感染、影响新教师，促进新教师的快速成长，促进教师队伍的共同发展。这是沙湾中心小学一直坚持在做的事情。在学校的各个科组里，总能看到

[①②] 于漪在2017上海书展"语文教师与经典阅读"论坛暨"语文教师小丛书"（第一辑）发布会上的现场演讲。

年轻教师虚心请教老教师、老教师耐心指导年轻教师的情景。而这同样是艺术科组的一道特别的风景线——师徒结对，和悦共进。

师徒结对并不是一个单向的传输过程。事实上，传帮带既是发挥学科带头人、骨干教师的示范作用，帮助青年教师不断提高教育、教学水平和科研能力，给青年教师铺路子、压担子，激励青年教师尽快成长的过程，也是一个教学相长、互相学习、共同进步、共同成长的过程。"师"亦有所短，"徒"亦有所长，二者互相促进，共生、共创、共享，名师也就真正发挥出了"带活一批教师，激活和美校园"的作用。

冯耀堂老师和赖国华老师就是这样的师徒。版画社团创建后的十多年来，师徒两人踏遍了沙湾古镇的大街小巷，在行走中共同成长。

冯耀堂老师是一位教学经验丰富、教育科研能力很强的知名教师。2004年，赖国华老师来到沙湾中心小学美术科任教。当时，学校正处在生源扩招、艺术课程改革的关口，艺术教师紧缺。为了让赖国华老师尽快适应艺术教育工作，冯耀堂老师主动当起了师傅，这一当便是十余年光景。

赖国华老师毕业于艺术院校，有着扎实的专业技能，但那时在教学上却是个完完全全的新手，缺乏经验。在这所百年老校里，怎样把个人的专业技能传授给学生？如何吸引学生爱上艺术、学好艺术？怎样把乡土艺术融入艺术课程中？……这些问题一度困扰着他。带着这些问题，赖老师来到师傅面前。冯老师了解到徒弟的这些问题，不但传授了个人经验和感受，还每周利用一节课与赖老师一起备课，每学期根据不同的研究内容上研讨课，平时经常相互听课、评课。

这样下来，赖老师在教学上的成长极其快速，多次在教师新秀比赛中获得殊荣。虽然有了很大进步，但赖老师并不因此而满足。"如何在教学上取得突破"成为赖老师脑海中挥之不去的问题。师徒两人交流时便就此打开了话匣子。冯老师分析说："沙湾古镇深厚的文化基因传递着浓浓的艺术气息，学校致力于把乡土元素融入课程当中，我们也要考虑怎样在版画教学中体现出乡土元素。"师傅的话正好与赖老师的想法相吻合："是的，我们可以利用身边的资源，带学生走近沙湾民俗文化。这样一来，既可以丰富教学内容，也可以让沙湾民俗文化如同版画社的名字——蒲公英，在学生心中生根发芽，一脉相传。"

师徒达成一致后，便着手做课程调研。在冯老师的建议下，两人多次深入沙湾古镇取材。他们的足迹遍布了古镇的大街小巷，也在蚝壳墙屋、砖雕、灰塑、木雕、壁画、飘色、鳌鱼舞、舞狮、鱼灯等乡土艺术中积累了丰富的创作素材。这些素材启发了他们，也激励着他们。师徒两人合力编写了《沙湾乡土美术》《沙湾民间艺术剪影》等书籍,既用于日常教学,也用于传播沙湾民俗文化。近年来,两人还全身心投入以沙湾为题材的版画创作中,创作出了一批反映沙湾文化题材的版画作品,这些作品入选过国家、省、市的展览。为了促进自身的专业成长,提高自身的教育科研能力,冯老师带着赖老师积极参加市、区的教研活动,先后参加了国家、省、市、区级多个课题的研究。

除了提高个人能力外,师徒两人经常讨论如何提高学生的学习兴趣。有着多年教学经验的冯老师说道:"学生的兴趣来源于老师的肯定。"为此,两人商量着把版画美术室打造成学生的乐园:朴素中洋溢着浓浓的艺术气息,淡雅中散发出怡人的墨香。教室的每一面墙,都记录着学生成长的足迹,同时也是学生展示交流的平台。他们在日常训练和交流中引导学生通过观察自己及同学的作品,发现自己及他人的优缺点,鼓励学生以他人之长补己之短。通过组织各类内容丰富的美术活动和展览,不断为学生提供展现自我的平台。此外,两人多次组织学生深入古镇观察,然后再进行艺术创作。

近年来,他们辅导过成百上千名学生,其中有500多人次获得过国家、省、市、区级奖励。两位老师合力把优秀的学生作品收集起来,先后出版了《沙湾民俗风——优秀学生版画作品集》《有版有眼——沙湾中心小学版画作品集》。

在师徒两人的共同努力下,版画教学成为学校的品牌项目,是教研组的特色项目。赖老师也从初出茅庐的新手教师变成新秀教师,一跃成为"广州市小学美术专业技能十佳教师""中国美术家协会藏书票研究会会员""广东省美术家协会会员""番禺区美术家协会理事"。

走过师徒结对以来的十余年时间,冯耀堂老师说:"我们共同进步,已是不能分割的小团体。"赖国华老师说:"师徒结对像一条无形的纽带,让两人在有意无意之中增加了交流和相互学习的机会,从而同心协力,共同进步。"未来,他们还会保持师徒关系,利用沙湾中心小学这个温馨的平台实现各自的教育理想。

(二)以研促教

教育创新的潮水涌动,是永不停息的行动迭代与思考叠加。它的方向只有一个,就是更加有效地融通各种学习方式。在新课标、新教材、新方案的推动下,教师需要自我提升,去破解"如何学习"这一重要课题。

教研活动是以促进学生全面发展和教师专业进步为目的,以学校课程实施过程和教育教学问题为研究对象,以教师为研究主体,以专业研究人员为合作伙伴,以校为本的实践性研究活动。教研活动为教师提供了学习新知识、交流经验和提升理论认识水平的机会,成为促进教师专业成长的重要途径。在沙湾中心小学,我们多年来一直坚持积极组织教师开展和参与教研活动,不仅让教师领略了新知识、观摩了新课程,而且拓展了新视野、获得了新感受。这对整体提升教师的专业素质、全面提高教育教学质量所发挥的作用是显而易见的。

例如,学校确立了"基于沙湾文化背景下的少儿版画校本课程开发和利用的研究"的课题,通过研究把沙湾本土文化融入版画创造。沙湾动物、植物、人物、风景等都成为学生作品中的表现对象。特别是富有特色的沙湾宗祠、镬耳屋等,成了版画创作上一道亮丽的风景线。师生从网络上和书籍中收集了大量关于沙湾文化的文字和图片资料,并深入到沙湾古镇街巷及古村落中进行实地考察,收集素材,拍摄了大量的图片资料,把收集的文字和图片整理编辑成一个资源库,为开展课例研究做充分的准备。

为促进和提升美术课堂教学效果,学校开展了不同内容的课例研讨,通过课堂教学,找寻少儿版画教学的有效方法,例如,冯耀堂老师开展了"沙湾古建筑(凹版)"课例研讨,赖国华老师开展了"沙湾兰花(绝版套色)"课例研讨。冯耀堂老师结合创新版画社团的经历,为全区美术教师做了题为"学校美术特色项目的建设"的印刷版画活动体验课分享,介绍用不同的材料去表现少儿版画,增强学生学习版画乐趣的经验。

总的来说,通过文化溯源、顶层设计、空间打造、课程建设、师资建设等,我们用多年的坚持逐步实现了沙湾中心小学"和美教育"的特色创建,为学生铺设了一条艺术之路。"绳短不能汲井深,浅水难以负大舟。"唯有厚植乡土文明之根,美才能像空气一样随处可见,又像呼吸一样自然。

第二章

美人之美，美润童心

> 毕加索曾说："学习像一个儿童那样作画，用了我一生的时间。"每个儿童都是天然的艺术家，他们身上潜藏着巨大的艺术能量。沙湾中心小学在艺术教育的道路上，坚持艺术全员化、普及化，通过立体化的艺术课程体系构建，开发了乡土美术、研学旅行、艺术选修等课程，开展多元校园活动，去发现学生的闪光点，让每一个学生都能体验美、欣赏美、创造美。

第一节 国家课程，校本实施

国家课程校本化实施是基础教育课程改革的重要方向之一，它强调学校在国家课程的基础上，根据自身特点和需求，对国家课程进行再加工和再创造，以更好地满足学生的学习需求和发展需要。在国家课程体系中，有美术、音乐等学科课程，也有综合实践课程，可以结合艺术教育进行跨学科教学。因此，沙湾中心小学在实践艺术教学时，以国家课程为主阵地，在对国家课程的标准和要求进行深入分析与研究的基础上，结合学校自身的办学理念、学生需求，对国家课程进行再加工和再创造，使之更加符合学校发展需要和学生学习需求。美术课，我们开发了沙湾乡土美术课程；音乐课，我们开发了岭南童谣课程；综合实践课，我们开发了走进沙湾综合实践课程。下面以美术课程和综合实践课程为例，谈谈沙湾中心小学的国家课程校本化之路。

一、乡土美术，遇见沙湾

民间艺术无异于一座丰富的课程资源宝库。对于自小生活在家乡的学生来说，它具有极强的亲和力。过去的艺术教育课程，大多是都市文化唱主角，作为教学内容，难以引起师生思想感情上的共鸣。21世纪之初，随着素质教育方针的提出和国家对艺术教育的重视，美术教育得到了全新的发展契机。同时，越来越多美术教育者发现，乡土资源的开发与利用能够极大地丰富美术课堂，让学生更容易发现美。于是，全国各地开始兴起开发和利用乡土文化资源开展美术教育的行动。例如，2004年12月，陕西省西安市举行第四届全国美术课评比，现场会上的选题大多具有极强的乡土文化内涵。这些课程与地方民间艺术资源紧密相关，显示出了乡土性、民族性、原创性的特色，散发出浓郁的民间艺术的芬芳。由著名少儿美术教育专家谢丽芳主持的"蒲公英行动"全国课题研究，更是把全国各地的民间艺术文化融入学校的美术教育当中，使各地的民间艺术得以传承和发展。这些教育实践行动，让学校坚信开发民间艺术资源，并使之在学校美术教学中应用的做法是可行的。

《中共中央 国务院关于深化教育改革 全面推进素质教育的决定》中明确提出："调整和改革课程体系、结构、内容，建立新的基础教育课程体系，试行国家课程、地方课程和学校课程。"地方性的乡土美术文化立足于本土，适应本土民间民俗习惯，可以体现地方民族特色，因此具有强大的生命力，不被其他形式所同化。将乡土美术引入学校美术教育中，对于乡土美术和学校美术教育来说是一项双赢的决策。乡土美术因学校教育的延续免遭断裂与绝迹的命运，并得以不断向前发展。学校美术教育因为有乡土美术的加入，也增加了新的活力，使教学内容得以丰富，因为乡土美术是最直观的贴近生活的史料与教材。乡土美术中蕴含的人文思想、传统艺术观念能给学校美术教育中的美术教学与设计教学提供借鉴与启示。同时，充分利用乡土美术资源，能使学生更好地了解美术与情感、美术与社会、美术与文化、美术与生活的关系。

在沙湾中心小学的教师看来，在国家课程、地方课程之外，还要补充乡土美术文化教育，联系生活实际，让学生了解当地社会与经济文化的发展。为此，学校开设了沙湾乡土美术课程。

如何把本土文化变成美术课程，这是学校教师一直在探讨的问题。虽然各个地方的本土文化有所不同，但它们的本质是相同的。因此，在利用本土文化，把它变成美术课程时，我们一定要注意方法和方式，并按照一定的策略来开展，这样会让我们少走弯路，开展工作更加有效。

（一）将乡土文化转化为美术课程资源

美术课程标准提倡引导学生把美术学习与其他学科的学习、生活经验以及周围环境相联系，强调激发教师的积极性，努力开发当地的美术课程资源，尤其是地方的自然与文化资源。这种具有地方特色的课程资源在各地都普遍存在，而且每个地方的课程资源都比较丰富。但如此丰富的资源，并不是全部都适合作为课程来利用。我们必须作出合理选择，才能保证课程的有效性。

第一,所开发的课程必须能够满足课程目标的需要,让学生在知识技能、过程方法和情感态度价值观三维目标上有所收获。如果学生学完该课程一点收获都没有,那开发这样的课程就没有意义,倒不如把时间放在美术课本的学习上。

第二,所选择的课程资源必须符合学生的年龄特征,选择那些学生有生活经验并且感兴趣的内容。再好的资源也是为了服务学生,一旦学生对所选的资源不感兴趣,那这课程也没有开发的必要。这时我们必须改变资源的呈现方式,使其符合学生的年龄特征,能吸引学生的兴趣。

第三,考虑周围环境、社会与家庭的影响,选择那些学生较为熟悉,甚至是从小就耳闻目睹的内容。学生最为熟悉的就是身边的事物,因此在选择资源时,应尽量找学生身边的题材,这样在开展课程时就会事半功倍,大大提高教学效率。

第四,材料的选取必须较为方便,教学实施容易操作,并且符合本校的教学情况。有好的资源、好的课程,这时我们就要考虑可操作性的问题。在材料的选择上最好与本校的特色相结合,这样可以一举两得。课程让特色更为明显,特色让课程更为有效。

第五,作为课程的最后实施者,教师必须对该课程内容较为熟知。例如,沙湾镇历史文化悠久,民间美术样式繁多,民俗活动丰富多彩。但不是所有内容都适合作为课程资源,不能想到什么就干什么。事前必须通过走访、考察、收集、学习等活动,了解本土文化的有关历史、文化、习俗、样式、创作方法等知识,并结合学校条件,考虑学生和师资情况,确立相关主题,使之成为学生最好的学习内容。

参与课程开发的一线美术教师并非当地人,他们都是来自沙湾镇外的外来人。他们对沙湾的了解并不多,但在课程开发过程中,他们深入研究乡镇艺术文化,以特有的热情和善于发现的眼光积极地投入这一创造性的学术性活动中。资料的查找、内容的确定、图片的拍摄、文字的推敲、版面的设计、课程的实施、教案的设计等,都是教师在学习、实践、修改中完成的。他们是教材的开发者,也是课程的实施者。他们有时独立探索,有时团结合作,教师之间互相学习、彼此支持、各骋所长、共同成长。

(二)编写《沙湾乡土美术》学材

有了课程,还要有相应的实施载体,这就需要开发配套的学材。"教材是学与教过程中的情境连接元素,是课程和教学活动的媒介因素和资源载体。"[①]在将沙湾文化资源开发为美术课程的过程中,学校面临一个重要问题——无教

---

① 李霞.大教材观视野下的教材与课程教学活动的关系[J].中国培训,2020(10):43-44.

材可用,沙湾文化的独特性导致了沙湾美术学材的稀缺。

在沙湾乡土美术的教学实践中,对应的教材的缺失为教学造成了种种不便。为解决这一问题,2002年沙湾镇美术教研组以"开发地方美术课程,促进教师专业成长"为研究主题开展镇本教研活动。作为沙湾乡土美术的资深践行者,沙湾中心小学美术科组教师深入参与了这一项目,成为学材的主要编写者。

根据挖掘出来的沙湾民间艺术内容,学校选取了飘色、古建筑、广东音乐、舞龙、醒狮五个内容进行研究,开发了美术镇本学材《沙湾乡土美术》(图2-1),教材包含5块内容,共10个课例。

图2-1 《沙湾乡土美术》封面

《沙湾乡土美术》按审美性、典型性、适宜性和可融性的原则进行选择,充分考虑美术本体学习的规律性、有效学习时间的最大效应性、儿童各年龄阶段心理和能力的可行性进行开发,遵循内容排列内在推进和结构的渐进关系,并体现与广东版美术教材教学内容相衔接的特性(表2-1)。

表2-1 《沙湾乡土美术》内容、目标、知识点一览表

学段	课题	目标	知识点
第一学段	1. 沙湾镇的特色美味小吃	能用搓、揉、压、捏、贴、画等方法制作自己家乡的特色美食	感受家乡的小吃文化,了解其不同的造型特征

续表

学段	课题	目标	知识点
第一学段	2. 有趣的飘色头饰	感知乡土艺术"沙湾飘色人物"来源于戏曲	感受沙湾飘色头饰造型与色彩的特点
	3. 沙湾飘色的热闹场面	能画出有主次、前后、远近和聚散关系的飘色场景	感受沙湾飘色的热闹场面
	4. 广东音乐"五架头"	认识家乡的乐器,并了解其造型特点	认识广东音乐"五架头"
第二学段	1. 舞动的彩龙添喜庆	与同学合作模仿沙湾舞龙的情景	了解龙的造型特点以及沙湾舞龙的造型和场景
	2. 沙湾醒狮真威武	能用废旧材料设计制作一只造型美观、色彩鲜艳的醒狮	能用线条表现舞狮的外形特征和动态特征
	3. 热闹的"八音锣鼓"	利用纸黏土制作一个"八音锣鼓"立体造型的人物	认识、了解广东音乐"八音锣鼓"
	4. 独具魅力的沙湾飘色	运用自己喜欢的表现手法创作一版飘色或飘色人物造型	感受沙湾飘色的独特魅力
第三学段	1. 沙湾民乐队里的小演员	用流畅的线条画出演奏广东音乐的人物造型	了解演奏广东音乐的人物造型特点
	2. 沙湾古建筑的屋顶艺术	能分别从结构、造型、屋顶装饰评述沙湾古建筑	学会用木框架、斗拱、对称、均衡等词语去欣赏古建筑
	3. 走访沙湾镇古迹	运用各种材料与线条表现沙湾考察路线图	了解沙湾古迹历史文化及其建筑造型的特点
	4. 沙湾的雕塑艺术一	运用纸黏土表现景物的前后叠置与凹凸关系	了解沙湾的"三雕一塑"
	5. 沙湾的雕塑艺术二	运用泥质材料表现寓意吉祥图案的透雕作品	了解沙湾古建筑透雕艺术

该学材有三大特色：

一是地方特色浓郁。它重视挖掘地方优秀的美术文化资源，传授中华民族传统的美术知识，对具有地方特色的美术文化作重点展示，如沙湾飘色的热闹场面（造型·表现，课型为线描课）、沙湾民乐队的小演员（造型·表现，课型为写生课）、舞动的彩龙添喜庆（造型·表现，课型为色彩课）、沙湾醒狮真威武（设计·应用，课型为手工制作课）。这些课程把学生与民俗艺术文化紧密结合，向学生展示了沙湾镇民间艺术的精彩纷呈。

二是以学生熟悉的美术资源引导学生实践，注重日常生活中的美术与审美活动有机结合。《沙湾乡土美术》是实践性很强的课程，它注重培养学生的实践能力和动手能力，让学生更多地直接接触家乡的文化，在大量的实践活动中亲身体验和感受地方文化。如在学习沙湾古建筑的屋顶艺术（欣赏·评述，课型为欣赏课）、沙湾的雕塑艺术一和沙湾的雕塑艺术二（造型·表现，课型为手工制作课）这三个课例时，把民间艺人请进美术课堂，教师与学生一起考察沙湾的古建筑，让学生在学校、社区、社会大环境中学习优秀的美术文化。

三是广东版美术教材的延伸。纵观岭南版中小学美术教材的内容，《沙湾乡土美术》内的课题均能找到相对应的内容（表2-2）。乡土教材的内容是广东版教材里没有的，但又不是完全脱节的。

表2-2 《沙湾乡土美术》与岭南版中小学美术教材内容对应一览表

《沙湾乡土美术》课题	岭南版中小学美术教材课题
沙湾镇的特色美味小吃	第一册：快餐美食店
有趣的飘色头饰	第四册：纸碟怪脸
沙湾飘色的热闹场面	第九册：家乡的节日
广东音乐"五架头"	第十一册：形形色色的民族乐器
舞动的彩龙添喜庆	第十一册：创意龙
沙湾醒狮真威武	第十册：石狮
独具魅力的沙湾飘色	第十二册：杂技
沙湾民乐队里的小演员	第三册：杂技小演员
沙湾古建筑的屋顶艺术	第五册：各式各样的民居
走访沙湾镇古迹	第十三册：科学、艺术考察活动的策划
沙湾的雕塑艺术一	第九册：走近民间砖雕、灰塑艺术
沙湾的雕塑艺术二	第九册：走近民间砖雕、灰塑艺术

《沙湾乡土美术》中与岭南版中小学美术教材内容对应的部分课题如图2-2所示。学材从乡土资源中挖掘美术教育素材，图文并茂，版式灵活，在视觉上吸引学生的注意力和兴趣，减少阅读疲惫的同时，尽可能地展现相关特征、细节。

图2-2 《沙湾乡土美术》部分学材内容

（三）乡土美术课程的教学模式

在实践过程中，我们发现，尽管越来越多的地方学校开设这类课程，但大多内容过于简单化、形式过于单一化，缺乏值得推广的模式。学校负责课程实施的教师难以找到可供参考借鉴的样本，在开发与实施中遇到不少的困惑与压力。特别是随着新课程改革的不断深入，许多已有的研究成果不足以适应当前新的教育理念。

为此，在多年实践经验的基础上，教师们经过反复推敲、研磨、优化，系统开发了校本乡土美术研学课程，一改以往单一内容、单一形式、内容之间无关联的研究，采取"主题式教学"的方式，同一主题同时开展4个不同学习领域的研究。课题组的每位教师各负责一项内容进行研究，各自根据研究内容设计好教学设计，然后利用美术课进行教学实践，每项内容必须按照"欣赏·评述""造型·表现""设计·应用"和"综合·探索"4个学习领域进行4个教学设计，并根据在教学实施过程中出现的问题再对教学内容进行调整修改。

以"沙湾飘色"为例，教师在开展教学时是采用4个学习领域进行主题式教学的，每一个教学领域均有侧重点。

"欣赏·评述"学习领域一般选择的教学对象是一、二年级的学生，用时2个课时，主要采用以欣赏为主、稍加简单的平面表现为次的表现手法。首先，介绍沙湾飘色的历史、特色、工艺、人物、道具等。其次，欣赏传统飘色与现代的飘色，找到其中的区别，再延伸到水上飘色和全国其他地方的飘色，这样一步一步地把学生的视野扩大，让他们感受飘色文化的博大精深。最后，学生根据自己对沙湾飘色的认知和了解，用线描简单地表现一下自己的感受。

"造型·表现"学习领域一般选择的教学对象是三、四年级的学生，教师可以根据需要采用不同的课时。该学习领域主要采用以平面创作表现为主、稍加简单的手工制作为次的表现手法。首先，播放飘色巡游的视频，让学生感受飘色巡游的热闹气氛。其次，欣赏部分局部细节，让学生感受飘色的神奇。最后，根据需要可以用线描的方式表现飘色巡游的热闹场景，可以用色彩表现飘色艳丽多变的感觉，也可以用剪纸、版画、国画等各种表现手法去表现飘色的各种画面，还可以用手工制作的方法做一些飘色相关题材的作品。

"设计·应用"学习领域一般选择的教学对象是五年级的学生，用时2个课时以上，主要采用以立体造型创作为主的表现手法，一般需要根据授课教师的特点选择适合自己教学的立体表现材料和表现内容。课题组通过不断的探索，最终研究出采用陶泥和纸黏土制作立体飘色人物作品的方法。这些作品生动有趣、色彩艳丽、制作简单，可以还原飘色的独特魅力。

"综合·探索"学习领域一般选择的教学对象是六年级的学生，用时2个课时以上，采用美术活动课的形式开展。首先由授课教师制订活动方案，得到学校支持后带领学生外出参观、考察，要求学生做图文资料的收集以备后用。然后学生进行各种形式的活动，如撰写调查报告、制作PPT演示文稿、制作专题手抄报、举办图片展览等，去表现自己的学习成果。

综上所述，我们把4个不同的学习领域的课堂教学模式总结如表2-3所示。

表2-3 4个学习领域的课堂教学模式

欣赏·评述	视觉感受—欣赏评述—观察比较—总结规律—体验表现
造型·表现	场景再现—引导讨论—探讨体验—创作表现—展示评价
设计·应用	造型研究—合作探讨—设计创作—实践应用—展示评价
综合·探索	收集资料—制订方案—外出考察—整理成果—汇报展示

下面展示我校教师执教的选自《沙湾乡土美术》学材中的"沙湾飘色的热闹场面"课题案例。这一课是岭南版中小学美术教材第九册"家乡的节日"的延伸课。

案例一　课前调查探究活动

【选择探究主题】

学生对将要学习的课题"沙湾飘色的热闹场面"提出感兴趣的问题，并根据问题的类型分为六类：色标、屏、飘、色梗、每板色的故事意义、除飘色外的其他队伍（舞龙队、舞狮队、舞鳌鱼队等）。学生以小组为单位，选择自己喜欢的主题进行课外调查探究。

【活动过程和结果】

学生通过到学校图书馆查找资料、进行社会调查访问、上网等实践，可以获得对飘色的直接感受。他们的收获有很多：了解调查探究的一般流程和方法，学会记录调查探究的信息，积极表达自己的见解和观点并尝试着与他人合作，知道更多获取信息的渠道，试图运用自己已有的知识来解决问题。

案例二　课堂实施片段

【片段一：影像导入　激发兴趣】

播放有关飘色的板色、场景影像资料，让学生从听觉上谈自己的感受，观察观众惊喜表情的图片。从听觉和视觉上激发学生对飘色场景的记忆与想象，与别人分享飘色出游当天的所见所闻。

【片段二：记忆绘画　初步感知】

考考学生是否能把记忆中最深刻的飘色人物画出来。教师巡视时发现部分学生下笔迟疑，于是建议他们说出自己的困难：有的学生说想不起来该怎么画了；有的学生说很想画漂亮的头饰，但又觉得很难画。这时候，教师引导学生走出座位，到课室里展示出来的精美图片前仔细观察，或对照写生，或回座位继续深入描绘。同时，对于部分学生对照收集来的书籍、图片进行写生的做法给予肯定。

【片段三：师生互动　深入探究】

学生在仔细观察图片后有了自己的发现：演员的头饰很精致，站在上面表演的小孩年龄很小……看到学生对沙湾飘色有初步感知，教师就使用岭南版中小学美术教材"家乡的节日"里的学习表（表2-4）来检验学生对沙湾飘色来历的了解。

表2-4 "家乡的节日"学习表

名称	节日来历	地域	时间	活动特色	审美特色
沙湾飘色					

首先,让学生探讨"为什么沙湾飘色能常'飘'不衰"这个问题。只有找到沙湾飘色常"飘"不衰的原因,其审美特色这个问题才会迎刃而解。其次,选择学生们最熟悉和喜爱的《哪吒伏魔》以及有代表性的《雨打芭蕉》两板色来进行探究。从两板色的造型特点、内容、意义等方面着手,让学生通过思考、语言表述、动作模仿、做实验来进行体验和感受(见图2-3),充分调动学生的情绪,使整个课堂的气氛活跃起来。最后,学生一边探究,教师一边巩固新授的知识,如色标、色柜、屏、飘、色梗,小结并板书"审美特色":色彩艳丽、寓意吉祥、造型奇特、装饰美观。

图2-3 学生探究沙湾飘色的制作

(四)乡土美术课程的实施

为保障课程的实施,学校将其纳入学校课程计划。每位美术教师在开学初把校本课程列入学期教学计划,每学期每年级至少安排一个学习内容,不少于2课时。至于学习内容的选择和具体操作,由教师根据各自的教学特色进行设计实施。以"沙湾飘色的热闹场面"为例,有的教师把这个课划分为"造型·表现"学习领域,分2个课时完成;有的教师则把这个课划分为"综合·实践"学习领域，用3个课时来完成。这样的教学方式避免了同质化，让教师不再亦步亦趋，还可以发挥不同教师的教学特色和专长。学生也能在不同教师的带领下，产生新的体验和新的感悟。在教学活动实践过程中，由于乡土美术课程资源具有地域性、典型性、适宜性和灵活性，因此我们探索了多样灵活的利用形式。

1. 活用学习场所

各种与视觉文化有关的场所都是美术课程的重要资源。传统理念下的美术教学，大多把学校、课堂当成唯一的学习场所，导致学生视野不开阔，教学组织形式单一，教学内容书本化，与生活脱离。新课程标准倡导学校应当充分利用美术馆、公共图书馆、博物馆、画廊、青少年宫、各种艺术工作室等场所资源，开展形式多样的美术教学活动。有人可能会觉得，这些场所都是大城市里才有，如果是在农村，没有这样的场所，该如何开展教学呢？其实在农村，我们也可以找到许多适合开展美术教学的场所，而且这些场所城市里是没有的，如田野、小河、大海、山岗、林场等，这些自然资源具有直观性、可利用性，具有课堂教学无法比拟的优势。为此，教师要做的便是善于发现，因地制宜。例如，湖南凤凰腊尔山希望小学把美术教学场所"搬"到田间地头，走进大山深处，了解当地的民俗文化，创作出属于自己与自然合二为一的美术作品。而这种体验，是困在钢筋水泥城市中的学生很难体会到的。

就地取材、走出课堂、走进生活，是沙湾中心小学开展美术教育的重要抓手。例如，在开设"沙湾古建筑""沙湾雕塑"等地方课程时，学校对美术兴趣小组活动采用了开放式教学的形式。在实践过程中，教师带领学生多次外出进行现场写生实践。从教学形式上看，学生走进生活对景写生，有利于在真实情景中感知对象，教学过程也更加充满活力；从艺术表现上看，当地民间艺术与儿童艺术有着惊人的相似之处：造型简洁、夸张、概括、平面化，表现内容常常跨越时空，将不同属性的事物巧妙地结合在一起，具有较强的灵活性与超现实性。

在不同的场所学习，孩子们的感受往往最为直接，体验也更为深刻。无论是农村还是城市，都有许多类似这样的场所，值得在美术教学中加以利用。在实际操作中，有的教师可能担心课时与学生安全问题，解决这些问题需要花点心思。美术教育不是孤立于其他学科的，将其他学科课程活动与美术教育相融合，进行跨学科学习或者项目式学习，更有助于帮助学生感受美、理解美、创造美。为此，我们可以与综合实践课进行合作，在学校的支持下，每学期开展不同主题的"美术+综合实践"活动，让学生在项目式的学习中习得更全面的技能和素养。

2. 妙用工具材料

美术是一门动手操作性很强的学科，要具备一定的物质条件才能开展。许多美术教师提出，现在新课程内容很丰富，学生也很喜欢，但就是工具材料难以准备，特别是农村地区的学生，这样就容易导致教学目标不能达成。不过，也有一些美术教师发挥智慧，因地制宜，利用当地一些容易找到的材料作为美术创作的原材料。例如，有些教师指导学生把田里的禾秆扎制成各种动物；有些教师指导学生在一些废弃瓦片上绘画出色彩丰富的美术作品；有些教师指导学生利用河里的泥巴制作成各种人物和动物；有些教师指导学生用竹子进行编织。曾经在拉萨就有一位美术教师带领学生在一些片岩、石头上画画，其作品就像一幅幅美丽的壁画。

没有先进的美术材料，难道学校就不开展美术课了吗？当然不是，美术教育具有多元性和多样性的特点，我们可以建立起一种"大美术"观念，利用身边的材料，运用多种手段进行造型制作。例如，沙湾中心小学的美术教师在指导学生制作"八音锣鼓"人物时，所选取的材料就有一次性矿泉水瓶、沙子、铁丝等，最后呈现出来的人物作品形态各异，表情可爱；还有用报纸做的花瓶、用树枝做的装饰物、用石头做的装置等作品。学生充分将身边的材料进行了再利用。

其实，生活中可利用的工具比比皆是，关键是教师在教学中要将一切可利用的材料教给学生使用。

3. 巧用学习方式

好的课程资源如何在教学中得到充分利用，学习方式与方法是关键。新课程标准倡导合理地运用接受性学习方式和研究性学习方式，注重体验与实践。所以我们把民间艺术引入美术课堂，通过各种教学组织形式，并运用多种学习方式和教学手段，引导学生多角度、多层次地进行美术学习，例如邀请民间艺人进课堂、举办民间美术展览、播放民俗活动相关影像、深入民间实地考察、动手制作、走访调查等。因此，在选择好课程资源内容的基础上，一定要重视学生学习方法的引导与研究。欣赏、感受、观摩、考察、走访、收集、体验、表现、评述、表演等都是主要的学习方法，同时要考虑资源内容的呈现方式，如录像、图片、文字甚至是实物、实景等。赖国华老师是这样做的：

对于小学生来说，他们生活经验少、阅历不多、知识面不广，对图像信息的敏感度较低，而多媒体恰恰可以弥补这方面的不足。而且，民间美术更贴近他们熟悉的生活和环境，更能激发学生的学习兴趣。比如，在讲授岭南版六年级上册"走进传统戏曲人物"这课时,伴随着广东音乐,播放一段飘色人物录像进行导入。当学生听到这熟悉的声音,看到这身穿戏剧服装的飘色人物时,马上就能激发起他们学习的热情。再如,在讲授岭南版四年级上册"丰富多彩的民间美术"这课时,我特地播放了一段此地过年时舞龙舞狮的场景。当学生看到这熟悉的热闹场面时,有的迫不及待地把自己对民间美术的了解跟同学交流,有的还拿起课本当狮头舞了起来……还有,我多次带领学生走访了留耕堂、三稔厅、清水井、安宁西街、车坡街等古建筑集中的大街及古迹,这里的一砖一瓦,一扇门或一扇窗,都引起他们浓浓的兴趣,很多学生无不自豪地说:"看,我们沙湾也有这么好的建筑!"回来后,很多学生纷纷自觉地运用黑白版画的形式,进行了尝试性的创作。通过掌握的版画语言,同学们以刀代笔,用不同点、线、面的组合,再现了沙湾古建筑在他们心目中美的形象。虽然刀法显得有些稚嫩,但画面中的每一个点、每一条线无不饱含着他们对家乡的热爱,无形中学生也产生了自身对美的理解。

有的地方课程资源内容连贯性不强,针对这一情况,各个部分可以专题讲座的形式进行。例如,教学"走访沙湾镇古迹"的主题,在介绍每个地方的时候,由于各个地方的内容不同,如果采用在课堂上渗透的形式,学习效果就不明显。这时可以采用专题讲座的形式进行教学,每一次专题活动就讲一两处古迹。每个学期,我们都在其中一个年级作一次沙湾名胜古迹的专题讲座活动。以讲座的形式进行教学,学生会感到新鲜,从而产生浓厚兴趣,教学效果也较好。

以沙湾古建筑与版画创作研究为例,2012年3月21日,在学校美术室,由赖国华老师主持的"沙湾古建筑与儿童版画创作研究"如期举行。课题组的其余教师和学校版画社的学生参加了活动。活动中,赖国华老师讲授了如何利用沙湾古建筑开展版画创作,并进行了现场示范。随后,版画社的学生根据收集到的图片资料进行了版画创作。因为版画社团的学生有一定的美术基础,所以创作出来的作品效果很好,且能利用版画中黑与白的关系,恰当地表现出沙湾古建筑中色彩简约但图案精致的感觉;有部分作品还获得了区级以上的奖励。

4.善用社会资源

华南理工大学建筑学院副教授潘绍元曾提出,儿童只有在自身丰富的体验想要表达时,才会有真正属于儿童自己的绘画。在乡土美术课程的实施过程中,学校要注重挖掘社会资源,丰富学生的艺术体验,让学生充分体验美、理解美之后,再创造美。

第一，争取当地政府和各职能部门的支持。有些本土文化艺术得到了当地政府的资金支持和相关职能部门的保护，因此得以顺利延续和传承。

第二，积极联系美术教育专家，邀请他们指导学校开展美术教育工作。有专家理论的支持和实践的经验，学校开展美术教育工作会更有方向、有底气，而不是如同无头苍蝇乱闯乱撞。

第三，邀请民间艺人进课堂，给学生讲解示范，让学生真实接触传统文化，了解民间艺人的工作，体会艺术的不易。

此外，在开发本土文化资源时要特别注意课程的性质，即基础性、系统性、计划性。本土文化资源的开发与利用应避免将美术文化活动等同于课程教学，同时要加强有效的教学评价，通过评价检测资源的开发利用对于学生美术学习的有效性和促进性。

乡土美术课程使学生了解沙湾的地理位置、地貌特征，以及自然资源、交通等概况；使学生了解沙湾特有的风土人情及风俗习惯，了解沙湾的文物名胜古迹、古老的历史和饮食文化，感受沙湾灿烂的历史文化；使学生了解沙湾自解放和改革开放以来，人民生活和社会各项事业发生的巨大变化及取得的重大成就。乡土美术课程能让学生感受到党和国家对家乡的重视与关怀，激起学生建设美好家乡、为家乡建设作贡献的强烈愿望。

作为番禺区教育科学"十二五"规划课题"小学美术'沙湾民间艺术'教学策略的案例研究"课题组的成员之一，赖国华老师认为："民间艺术源自学生熟悉的生活环境，容易被学生接受，只要把它用得恰到好处，就能给我们的教学带来无穷的益处，让我们的艺术种子撒播得更远。"他是这样做的：

比如，我在上岭南版中小学美术教材五年级上册第8课"民间砖雕"，讲到广州陈家祠时，我就会给学生讲我们沙湾的国家4A级旅游景点宝墨园，讲何氏宗祠"留耕堂"。番禺博物馆文物办的考察表明，留耕堂是番禺现存年代最久远、布局最严谨、规模最宏大、造工最精巧、保存最完好的粤中宗祠的经典之作……在适当的时候，我会给学生上乡土学材，比如，在上完岭南版教材"形形色色的民族乐器"后，就接着上我们乡土学材的"广东音乐'五架头'"，这样就会加深学生对家乡民间艺术的理解，同时提升他们热爱家乡的情感。除此之外，我以民间美术为主题在全校举办过一些绘画、摄影、书法比赛，使学生在民间美术中不断地吸收营养，在继承优秀民间美术的同时，积极注入新元素，强化学生对家乡的热爱。

（五）乡土美术课程的案例

"热闹的八音锣鼓"教学课例[①]

【教学目标】

（1）感受飘色巡游中"八音锣鼓"的热闹场面。

（2）了解什么是"八音锣鼓"。

（3）制作一个"八音锣鼓"的人物造型。

【教学重难点】

教学重点：运用多种技法制作"八音锣鼓"人物造型。

教学难点：制作与众不同的人物造型。

【教具学具】

PPT课件、纸黏土、矿泉水瓶、铁丝、钳、泥塑刀、广告色、调色碟、水粉笔。

【课时】

3课时。

【教学过程】

1. 第1课时：感受欣赏

（1）欣赏飘色巡游中"八音锣鼓"的场面，感受其热闹气氛。

（2）介绍"八音锣鼓"的相关知识（八音锣鼓是包括吹打乐、唱八音、锣鼓柜三种表演形式的民间音乐）。

（3）制作人物骨架。

①在空矿泉水瓶内装满沙子，起稳定重心的作用。

②用铁丝在矿泉水瓶颈转一圈，把两只手的骨架做好。

2. 第2课时：封盖骨架

（1）把纸黏土压扁，先封盖人物的下半部分和头部，然后封盖中间部分，连接的地方可用水作黏合剂。

（2）根据人物特征添加道具，在细部上，要把人物的五官表情和衣服的特征塑造出来。

3. 第3课时：修改上色

（1）根据"八音锣鼓"队员服饰的特征，在已风干的人物造型上上色。

（2）上色过程中要注意控制好水分，以免破坏人物。

（3）上色最好由上往下涂。

---

① 本篇课例作者为广州市番禺区沙湾中心小学教师赖国华。

【制作步骤】

制作步骤如图2-4所示。

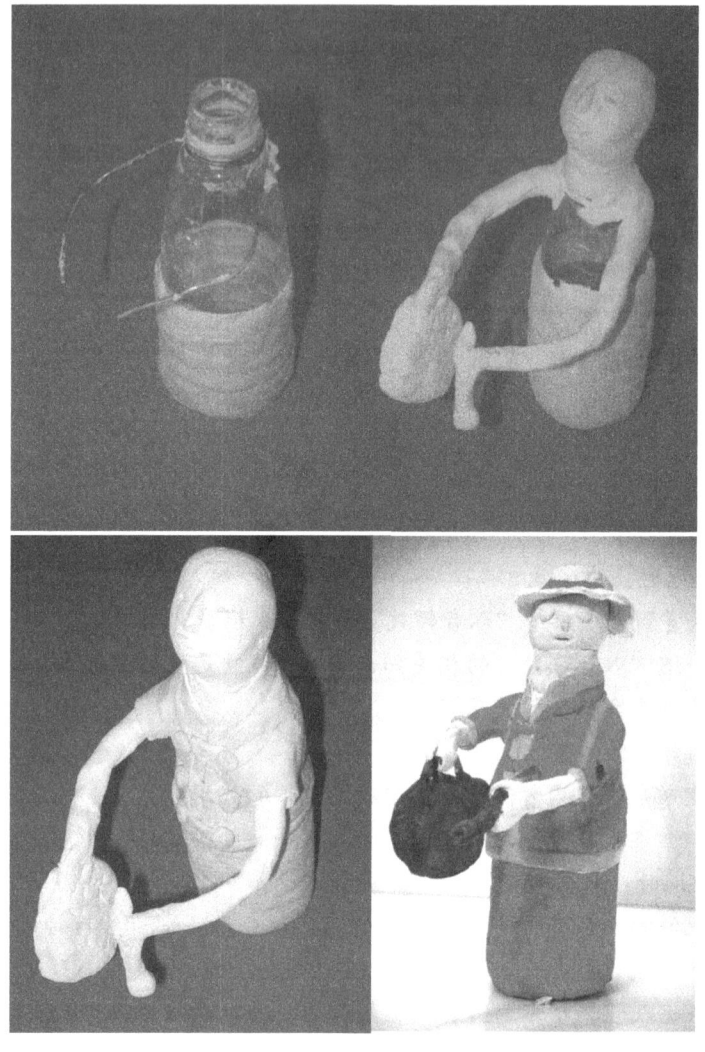

图2-4　制作步骤

【课外延伸】

除了制作"八音锣鼓"外，还可以制作飘色巡游队伍中的其他小分队，制作方法与"八音锣鼓"一样。等把所有队伍都制作好，就可以举行飘色巡游了。

【学生作品】

学生作品如图2-5所示。

图2-5 学生作品

实践证明,充分发挥和利用乡土艺术教育资源,因地制宜地开展美术教学,是改善与活跃镇村美术教育的有效途径。以乡土美术作为镇村美术教育的突破口,开发和利用好当地的社会艺术教育资源,能够给镇村美术教育开辟一条地方特色与民族特色相结合的新的发展道路。

二、综合实践,求真向美

2017年9月,《中小学综合实践活动课程指导纲要》发布,综合实践课程的重要性凸显了出来。广州市番禺区也推出"番禺区综合实践活动实施与评价'443模式'",引导学校进行校本化实施。综合实践课程的校本化实施需要学校结合实际情况和特色,确定综合实践课程的发展方向,进行资源整合、课程设置和科室安排等。我们在思考综合实践的校本化实施时,很自然地和"和美教育"、沙湾文化联系了起来。老师们一致赞同将综合实践和沙湾文化结合,这是既有助于提升学生实践能力,又能传承和弘扬本土文化的重要教学策略。

沙湾文化的范畴很大,我们从中分出若干主题,设计成系列课程,其中便有"广东音乐与沙湾文化系列活动"。

我国的民间音乐有着悠久的历史传统,几千年来,它在民间和大众中生生不息,衍化出众多的品种和丰富多彩的音乐风格,体现出浓郁的民族韵味,勃发旺盛的无限生机。沙湾是广东音乐之乡，广东音乐是粤曲的音乐基础。下面以沙湾粤曲"私伙局"历史与发展的调查活动为例，谈谈我们是如何在综合实践中融入沙湾文化的。

所谓"私伙局"，就是民间业余粤剧迷自备乐器、自由组合、自娱自乐、自发组织的活动，活动规模比粤剧演出小得多。粤曲原为粤剧的曲调，后来成为独立的曲种。粤剧与广东音乐、岭南画派被誉为岭南传统文化的三个瑰宝。戏曲是中国传统的戏剧形式，包含文学、音乐、舞蹈、美术、武术、杂技以及表演艺术等各种因素。不同地区的语言、民歌、民间音乐组成不同声腔系统的音乐唱腔。据不完全统计，我国各民族地区的戏曲剧种有三百六十多种，传统剧目数以万计。沙湾地区流行的戏曲就是粤曲，粤曲是广州方言地区流行最广的一大曲种，已有150年的历史。它以粤港澳为主要活动基地，流行地区扩及两广。可以说，在世界各地凡有粤籍华人聚居的地方，均有粤曲的演唱。

民间音乐传承的主阵地在城市的区、街以及农村的乡、镇。"民间乐社"通常指的是一种有组织、具备一定艺术素养及创新与发展能力的半职业性团体；"私伙局"则是一种更为自发、灵活且自由的组合形式，其演奏内容相对单一，多为自娱自乐。尽管队伍形式有所不同，但它们却都有着乐器组合、同一乐种风格的共性。"民间乐社"与"私伙局"的关系并不是对立的，二者的存在起着互补的作用，都是音乐多元化的必然产物。

"私伙局"对沙湾人民学习、推广广东音乐有什么影响？沙湾"私伙局"的现状是什么？我们提出的这些问题引起了同学们的兴趣。

接下来，在"番禺区综合实践活动实施与评价'443模式'"的指导下，我们通过查阅资料、调查、访问等方法，让学生走进"私伙局"，了解粤曲。我们的主题活动分四个阶段实施：

第一阶段是开题活动，包括设计研究方案，确定活动方式。首先，教师在课前让学生搜集"私伙局"的资料，初步了解沙湾"私伙局"的一些基本情况。接着，在课堂上利用多媒体，采取图文结合、录像等形式，使学生认识"私伙局"的来源和活动形式，激发他们进一步了解"私伙局"的欲望。让学生联系生活实践，向同学们介绍自己眼中的"私伙局"；让学生根据"私伙局"的现状，提出想研究的问题。课题确定的同时，引导学生分成小组（表2-5），讨论任务分工和探究主题的计划。最后，集体交流汇报分工情况及小组探究计划，共同商议、修改。

表2-5 分组情况表

小组名称	负责的研究内容
发展历程组	粤剧的起源和发展，粤剧、粤曲和"私伙局"三者的关系。"私伙局"的存在价值
历史名人组	查找粤剧、粤曲、广东音乐历史名人"私伙局"的故事
著名乐社组	调查过往和现在乐社的数量和基本情况
现今情况组	调查"私伙局"在沙湾的现状。如"私伙局"的数量、活动形式、经费来源和影响力
展望未来组	对我校的二胡队师生进行采访，提出沙湾"私伙局"发展的建议

第二阶段是实施活动，包括调查学习、收集数据、写观察日记、写作、摄影、填写调查表、写建议书。在课题研究的过程中，我们主要采取多学科共同开发、共同探索、共同学习的组织形式。各组长根据研究计划，开展了形式多样的探究活动。

发展历程组的学生通过各种途径收集有关"私伙局"的资料并进行整理，理顺"私伙局"的发展线索。

历史名人组和著名乐社组通过实地参观乐社、采访"私伙局"玩家，查阅相关资料史册，了解"私伙局"的过去、现在，并以此为契机，展望未来，为沙湾民间音乐的发展作出贡献。

现今情况组群策群力，通过社会问卷调查的形式，对不同年龄段的群体在"私伙局"的认识和了解方面进行调查，最后统计数据，总结"私伙局"的现状。

展望未来组的同学根据以上小组的数据或结论，再根据自己的实地考察和采访，对"私伙局"今后的发展提出建议和意见，并将这些意见以书面的形式呈交镇文化站。

第三阶段是交流评价。根据小组初步整理出来的成果，小组之间互相交流、评价，促进成果的进一步完善。

第四阶段是成果展示。由小组汇报研究成果，并根据自己在活动中的收获写出活动心得。

活动日记

今天在伍老师和音乐老师的带领下，我和同学们一起来到韩伯伯家，对韩伯伯做了一次简短的访问。

我今天是第一次来这里参观，透过玻璃窗，我可以清晰地看到韩伯伯家有一个舞台,舞台迎面的白色墙壁上贴满了从广州、顺德、中山、佛山等地的比赛中取得的奖状。靠右侧墙的架子上摆满了各式各样的吹、拉、弹、唱、打等乐器,这里是沙湾镇很有名的"私伙局"。因为我们都很好奇,所以同学们纷纷向韩伯伯提问,韩伯伯都很耐心地一一回答了。韩伯伯还用扬琴为我们弹奏了一首乐曲,听到有节奏、充满生机和活力的乐曲,我就觉得心情舒畅。我觉得应该大力推广这种民间乐社,不仅让中老年人参与,也应该让我们参加,令传统文化艺术得到发扬。

沙湾粤曲"私伙局"综合实践活动以悠久而丰富的沙湾本地文化为活动的广阔背景,以学生为中心而展开。我们根据学生的研究需要,带学生们走出教室,来到沙湾现在最具规模的乐社——翠园乐社进行采访,调查粤曲"私伙局"现状。我们又将学生带到图书馆查阅资料,去网上冲浪,了解更多关于粤曲的资料。这些活动突破了原有学科教学的封闭状态,把学生置于一种动态、开放、生动、多元的学习环境中。这种开放性的学习不仅是学生学习地点和内容的改变,更重要的是提供给学生更多的获取知识的方式和渠道,推动他们去关心现实、了解社会、体验社会。

不仅如此,我们还让学生收集资料,了解粤曲的历史,让学生采访相关人物,了解粤曲"私伙局"的现状……学生在调查的过程中发现了许多问题,如"私伙局"一般由谁来发起?有没有什么规章制度?"私伙局"的经济来源一般是哪里?乐社一般一年需要多少经费呢?如何才能吸引更多的人加入"私伙局"呢?……围绕这些问题,学生们或查书,或上网,或采访"私伙局"玩家,获得了许多知识。尤为重要的是,学生不再向我们教师展示他们已经掌握的知识,而是提出自己的想法、计划并加以研究、探索,展示新发展的技能和能力。我们惊喜地发现学生们在凭自身的能力成为"学者"或"私伙局"的参与者。

第二节 "选"多元课程,"修"综合素养

苏格拉底曾说:"每个人的身上都有太阳,只是要让它发光。"每个学生都有专属于自己的闪光点,我们要用发现的眼光去看待。艺术教育不是灌输技艺,也不是塑造天分,而是发现天分,唤醒学生丰富的心灵、自由的灵魂和美的潜能,帮学生找到他们的闪光点。这是一个漫长的过程,只能从一点一滴做起,无法一蹴而就。为挖掘学生的潜能,帮他们找到自己的闪光点,我们开设

了艺术选修课和劳动选修课。

一、艺术选修课：全员参与的"大艺术"

在日常教育活动中，美育一方面贯穿渗透在各个课程中，另一方面直接体现在艺术课程上。2012年，沙湾中心小学在开齐、开足艺术课程的基础上，结合"和而不同，各美其美"的办学理念，对艺术课程进行优化与重置，探索一种符合学校发展的特色课程——艺术选修课程（也称"大艺术课"）。课程项目主要包括版画、国画、书法、软陶、合唱、舞蹈、古筝、竹笛等，以1年制和2年制为主要学制形式，旨在提升学生的艺术素养，让学生能够掌握一项及以上的艺术技能。

（一）课程目标：一能四维

对于学生的个性化存在，学校教师表示了充分的认同和极大的尊重。大家认为，对学生应当有包容的态度，接受和欣赏其兴趣爱好的不同，并满足其个性发展的需求。为满足学生在艺术学习方面的需求，学校从2012年开始提出"让每个学生学会一项艺术技能"的目标，在三到六年级开设了艺术选修课程。艺术科组的教师把对学生艺术素养的培育与学生的个人兴趣、教师指导、训练时间等紧密关联在一起。

经过多年的实践，学校将"让每个学生学会一项艺术技能"的总体目标又分为四个维度——审美感知、艺术表现、创意实践、文化理解。

审美感知：感知、发现、体验和欣赏沙湾古镇的艺术美、建筑美、兰花美、小吃美，丰富审美体验，提升审美情趣。

艺术表现：运用媒介、技术和独特的艺术语言进行表达与交流，运用不同媒材创作反映沙湾文化的艺术作品，提高艺术表现能力。

创意实践：积极参与创作、表演、展示、制作等艺术实践活动，通过研学、考察等收集沙湾文化资源，并创作出富有意义的文创作品，提升创意实践能力。

文化理解：感受和理解沙湾的文化底蕴，传承和弘扬沙湾优秀传统文化，坚定文化自信，努力做沙湾文化的代言人。

（二）课程设置：让学生投票

学校艺术科组里有专职美术、音乐教师共6人，可开设6个艺术类项目。在刚开展艺术选修课时，项目选定由教师根据个人专业特长初步定出，再由学生进行投票，选出最受欢迎的6个项目。这6个项目分别是合唱、舞蹈、版画、设计、纸艺、书法。然而，渐渐地，学生不再满足"大艺术课"的6个项目。于是，学校又通过聘请校外教师等方式，增加了形体礼仪、漫画、黑白装饰画、国画等多个项目。

"学生对哪些选修课感兴趣，看他们走进哪间教室就知道了。"对于学校的艺术选修课，黎老师笑着说到。学校对于选修课的筛选，基本上是以学生的需求或爱好为主，每年都会根据学生的选修情况进行调整。

例如，2014年，在每周一次的"校长，我来了"①对话交流中，五年级的几个学生和校长提出开设街舞选修课的建议。校长谢锦棠谈起选修课时回忆道：

说实话，街舞在我的印象中是不修边幅、标新立异的一个舞种，但既然学生大胆表达了自己的想法，我们就应该尊重他们个性发展的需求。为了这件事，我接触了一些专业的街舞教师，了解到街舞具有强化注意力、提升意志力、培养想象力、促进创造力的教育功能。

学生的建议改变了校长对街舞的刻板印象，校长决定尊重学生的需求，开设街舞选修课。但彼时的沙湾中心小学并没有街舞教师，缺乏开设课程的条件。于是，学校通过一番努力，外聘街舞教师，开辟训练场地，让街舞走进了校园。学生们终于有了热爱的街舞选修课。以学生为中心，课程要为学生的需求与热爱而开设，这成了学校选修课的"指南针"。

近年来，学校综合各方面因素，在整体分类的基础上，针对艺术选修课程开设了8个项目（表2-6），如美术类有版画、国画、书法，音乐表演类有合唱、舞蹈、古筝、竹笛、口风琴。

表2-6 艺术选修课程项目

类别	项目	开设内容
美术类	版画	吹塑彩印、单色纸版、凸版套色、综合版画
	国画	瓜果画法、花卉画法、动物画法、山水画法
	书法	笔画练习、字体结构、词组成语、对联诗句
音乐表演类	合唱	了解合唱、认识乐谱、音准训练、歌曲演唱
	古筝	指法训练、名曲欣赏、短曲学习、演奏姿势
	竹笛	竹笛发展、呼吸方法、指法练习、曲目演奏
	口风琴	了解口风琴、认识乐谱、歌曲演奏、合奏训练
	舞蹈	认识舞蹈、体态训练、民族舞蹈、舞蹈创编

① "校长，我来了"是沙湾中心小学在校长带领下开展的一个创新活动，是校长与学生面对面对话座谈的交流。校长每周会邀请一次学生到校长办公室，让学生说说自己关心的话题，说说想要学校解决的问题。

艺术选修课程自主选择的实践方式和成果呈现方式都在很大程度上激发了学生的学习热情，他们对艺术选修课十分认同。校园小记者亿艺（化名）同学专门在"艺术选修课"成果展示交流活动中采访了选修合唱课程的同学，了解到了合唱课程的魅力所在。

充满魅力的合唱课

"啦啦啦！啦啦啦！"一阵阵优美的歌声从沙湾中心小学的合唱室里传出。这是在干什么呢？原来，这是同学们在大艺术选修课中上合唱课呢！

学校的"大艺术课"有多种课程可供选择，有合唱、版画、创意素描、形体仪态、国学等。每一门课程的授课教师都十分专业，令同学们心服口服。同学们可以根据自己的喜好，选择参加其中一门课程。其中合唱这门课程是最受同学们欢迎的。同学们为什么这么喜欢这门课程呢？带着这个问题，我随机采访了三至六年级参加合唱课程的同学。他们的回答各有不同。

有的同学说："合唱是很多人一起唱，那和声给人美的感受。"有的同学说："我喜欢洪老师，他风趣幽默，教学方法新颖。"有的同学说："合唱队是一个团队，需要队员们相互配合。高、中、低三个声部的同学既要唱出自己声部的音色，又要配合着其他声部的同学，求的就是合作，我喜欢这种感觉。"有的同学说："合唱不但带给我快乐，还让我收获了许多。比如，如何与人合作，不让自己的声音突出来，在唱的过程中，要互相迁就。"还有的同学说："我们获得了广州市合唱比赛的一等奖，成绩和荣誉激励我不断学习。"看来，这真是一门充满魅力的课程，难怪同学们如此喜欢呢！

在训练的队列中，我看到了一个特别认真的女同学。训练结束后，我专门采访了她，她叫书仪（化名）。刚参加这门课程的时候，没有任何乐理基础的她不是很会视唱谱子，但是她并没有灰心，而是虚心向老师、同学请教。当同学们下课出去玩时，她在教室里请教老师如何打节拍，如何运气、发声；当同学们放学后玩耍时，她在家里一个音符一个音符地指着练唱……无论走到哪里，她手里都拿着一份谱子，一边小声练唱，一边还不时举起手来打着拍子，那谱子上也总能看见她圈点过的痕迹。大家都说，她是这个团队中最认真的一个。经过不懈的努力，现在的她已经学会熟练地视唱谱子，还成了大家心中的"甜美之声小公主"。

合唱团让我们陶冶了情操、培养了自信、锻炼了能力，让我们快乐，让我们成长。难怪这么多同学喜欢上合唱了。

"啦啦啦！啦啦啦！"听！同学们又在唱歌了。

（三）课程内容：一体化内容体系

依据国家课程规定，小学阶段三至六年级，每个年级每周有3节艺术课程——1节音乐、1节美术，还有1节音乐美术上下学期对分。如何找到一条既能符合国家课程规定，又能开发艺术选修课程的道路？我们吸取了体育选修课的经验，在每周3节自然课中拿出1节，让学生自主选择喜欢的艺术课程。教师要深入理解艺术课程的性质、理念、目标、内容、学业质量，充分考虑学生的身心发展、个性特点和学习经验，设计并实施教学。经过一段时间的摸索，学校明晰了艺术选修课程的内容，即以艺术实践为基础，以学习任务为抓手，有机整合学习内容，构建一体化的内容体系。

以版画课程为例，学校每年都通过网上抢课的形式在三到六年级各开设一个班的课程，每班30人，每周1节课。通过一年的课程，学习版画的起源、版种，了解纸板、吹塑纸板、树脂板、软塑板、PVC板、木板等材料，学习不同材料、不同主题的制作，从画稿到制版，再到印制，到最后用铅笔写上标注，让学生感受版画的魅力，爱上版画。具体课程安排如表2-7所示。

表2-7　版画内容学习[①]

第一课	对版画的认识
第二课	兰花——树脂板
第三课	瓜果——吹塑纸板
第四课	鱼——纸板
第五课	爱吃的面条——纸板
第六课	藏书票设计——树脂板
第七课	当版画遇上纸袋——软塑板
第八课	鱼儿游啊游——纸板
第九课	我的T恤我做主——PVC板
第十课	瓶花——纸版
第十一课	运动的人——树脂板
第十二课	门环——软塑板
第十三课	沙湾老街——树脂板
第十四课	魅力屋顶——木板

---

① 选自广州市番禺区沙湾中心小学教师赖国华自编教材《创意版画》。

（四）课程实施：有序化管理

艺术选修课程的实施，从学制的设置、学生名单的确定等到最后的作业安排都有基本的规定，以保证课程实施的有序性。

第一，学制。为了提高学习效率、保证学习质量，让学生真正掌握艺术技能，丰富学生的艺术素养，学校把古筝、竹笛、口风琴这三个项目的学习定为2年制，即报名成功就学习2年，其余项目可以一年重报一次。

第二，抢课。在开课前一周，学校通过公众号发布艺术选修课选课操作指南，指引家长、学生如何选课，并开放一个时间段进行试操作，以便家长、学生熟悉操作流程。选课指南中一般会附上本学期开设的课程、执教教师、上课地点和工具材料的准备等信息，让家长、学生提前了解。

第三，名单整理。学校通过后台调出学生选课情况，把名单交给组长，由组长安排教师整理出每个班选中各项目的名单，再把名单交给艺术科组组长。艺术科组组长再组织教师整理出每个年级每个项目的名单，制作考勤表和期末评价表，通常一个项目的人数为25~28人。

第四，授课教师课前培训。在开课前，学校会组织担任选修课的教师召开会议，进行课前培训，由学校负责体艺科管理的领导进行培训。

第五，考勤。为了规范管理，保障学生安全，每位教师上课前必须做好考勤工作。为了节省时间，一般每个班每个项目都会安排一位小组长，上课时由小组长带队到上课地点，并把考勤情况报告给教师。如果遇到缺席情况，执教教师必须第一时间把名单发到学校群，由班主任负责调查反馈，以了解每一位学生的去向。

第六，上课。开学初，每位教师制定好教学计划，并提前2周备好课，做到心中有数。课堂上要提高学生学习兴趣、训练艺术技能、培养艺术修养，让学生学会合作、学会表现、学会倾听、学会欣赏。遇到精彩的活动，鼓励教师用拍照或小视频的方式记录下来，或事后用文字记录，为期末总结提供素材。

第七，作业。作业批改以发现学生的闪光点为主要目的，对作业进行等级制的批改。作业成绩评价的方式：（1）从学生的创造思维、视觉形象设计和动手表达能力、评述表达能力等方面，观察学生活动过程中的情况进行评价；（2）用A、B、C、D四个等级来评定；（3）批改方式采用直接在作品上评等级的方法，并适当添加评语。作业点评为每一主题结束点评一次，采取学生互评、教师点评再总结的评价方式。

（五）课程展示：让学生展示美

有人曾说过，人的精神生命中最本质的要求就是渴望得到赏识。可见，欣赏、激励更有助于开发人的潜能。学生在音乐、美术课堂上掌握到一定的技能，收获了成果，同样也需要展示的舞台。我们尝试把赏识教育的理念运用到"大艺术"课堂中，除了在课堂上给予学生鼓励、赞美，还要为学生搭起展现美的舞台。例如，把美术课堂中学生的作品放在美术室展览，推荐优秀的节目参加学校艺术节表演，或者举办专场演出。

为了检验艺术选修课程的教学成果，有效地评价学生的学习状况，加强项目组之间的交流，给学生一个展示交流的舞台，学校每年都会举办艺术选修课程成果展示交流活动。另外，为了让家长了解孩子在艺术选修课上的表现与学习情况，进一步了解艺术选修课程的开展，学校也会每年举办艺术选修课程家长开放日活动，邀请家长进课堂，体验不同的艺术魅力，增加家长与孩子沟通交流的话题。

1. 选修课成果展示

一是分级展示，每个年级一节课时间，按选修课的上课时间进行。

二是分项目展示，对所有项目进行动态和静态的全面展示。合唱、舞蹈、竹笛、古筝、非洲鼓等进行现场表演；版画、国画、书法等进行作品展示与学习过程展示，要求全员参与展示项目（图2-6）。

图2-6 学习成果展示

合唱、舞蹈、竹笛、古筝、非洲鼓项目在每个年级选一名学生，在表演开始前介绍本项目（如本项目的简要历史、技能要求、如何欣赏、怎样评价是否达标，时间限定在2分钟以内）；版画、国画、书法则把项目介绍（如介绍工具材料、怎样欣赏作品、学生课堂活动照、作品点评等）做成PPT播放（每个项目介绍在2分钟以内，在非洲鼓项目表演结束后播放），学生观看完PPT后分散欣赏各类美术作品。

最后进行活动总结，学校领导与执教教师进行座谈，为下一届活动提出建议。同时，利用学校宣传平台进行活动宣传，加强家校联系，扩大课程影响力。

2. 家长开放日

分级开展，每个年级安排一节课时间，按选修课的上课时间进行。所有项目对家长开放，家长与孩子一起进入上课场所，家长先在课室内观看孩子上课。

课堂上，前半部分时间学生按平时情况正常上课，后半部分时间家长与孩子同坐，参与上课，与孩子一起学习艺术课程，体验艺术的快乐（图2-7）。

课堂结束后，家长填写课堂反馈意见表，学校收集并整理意见，然后召开总结会议。同时，利用学校宣传平台进行活动宣传。

图2-7　家长开放日家长与孩子一起体验艺术的快乐

以版画课程为例，通过多年的课程实施，版画课程内容和开展形式日臻完善。每学年的第一学期，学校都会举办一次优秀版画汇报展，向全校师生展示版画项目一学期以来的成果；第二学期，举办家长开放日，邀请家长走进课堂，共上一节课，一起学习版画制作，感受版画魅力。版画选修课的学习激发了学生学习版画的热情，不少学生通过蒲公英版画社的筛选，成为版画社团的优秀成员，为日后代表学校外出展示、参加比赛奠定了厚实的基础。学生们共同创作的《爱上鱼灯》版画长卷，入选番禺区融合教育学生美术作品创作展，在番禺区图书馆展出，得到了一致好评。

（六）课程评价：纳入"红棉班"评比

评价是检验、提升教学质量的重要方式和手段，课程应充分发挥评价的诊断、激励等功能，促进学生发展。艺术选修课堂中，集合了不同班级的学生，我们要如何进行管理，公平公正地对待学生？面对这一问题，学校决定把选修课堂上的学生表现纳入"红棉班"评比中，享有与其他课程一样的待遇，教师在课堂上可以对某些班的学生进行单独记录，上报学校进行登记。学校就是通过这样的评价体系保证课堂纪律，保障教学质量，检验学生的学习成效。

1. 课堂评价

一是对班级的评价，二是对学生的评价。利用考勤表，用做记号的方法对学生课堂上的表现进行评价，遇到个别情况可以与班主任进行沟通，对学生进行谈话。一学期的课堂表现会直接影响学生最后的总评。

2. 期末评价

每个项目在期末时要对学生进行评价，具体操作由各执教教师自己设置。美术类的可以通过作品对学生作出技能上的评价，音乐表演类的可以通过表演、演奏来进行评价。

3. 总体评价

每个学生的艺术选修课总评由两部分组成：一是课堂表现，占40%；二是素养技能，占60%。最后用两者得出的总分对应的等级作为对学生的总体评价。艺术选修课总评是作为学生学业评价的单项成绩，记入学生的成长记录册。

学生不仅在艺术教育中领悟到了美，而且把美育迁移到学习、生活方面，从而有效地促进学生和谐、健康、均衡发展。艺术选修课程对于学生来说是一个很好的修炼，无论在他们以后的人生中是否从事艺术工作，他们所获得的艺术修养、技能都将一生受用。就像2024届六（3）班的岑秋怡同学回忆的：

在学校艺术选修课上，我选择学习的是合唱。刚开始，我不太懂合唱是什么。等我上了课才发现：原来音乐不仅能陶冶情操，还能给人智慧的启示。这些启示到现在已经深深地刻在我的脑海里，难以忘却。

"不要否定自己"，这是我在第一课学到的。上课时，一位同学因为音不准引得大家哄堂大笑，他窘迫极了。这时老师马上帮他解了围，她告诉大家：

"其实所谓的五音不全和音盲都是不存在的,说到底就是缺乏训练而已。"接着,她让那个同学伴着钢琴唱了几段音节,一个音一个音地练着,慢慢地,这位同学的声音像是一列火车脱轨后又重回正轨,音变准了。"看吧,在尝试与练习之前,你永远不知道自己有多大的潜力。所以,不要轻易定义自己、否定自己。"话音刚落,教室里响起了热烈的掌声,老师的话久久地在我的脑海里回荡。

合唱是多个人一起演唱的活动,所以有时候得适当"谦让"。这是我的第二个收获。记得刚开始上课时,大家都以为合唱就是一起唱歌,所以个个都扯着嗓子唱,一群人的声音交杂在一起,使教室成了人声鼎沸的菜市场。老师听了之后哭笑不得,说:"合唱不是扯着嗓子唱的,声音要用气而不是嗓子,你们唱的时候音量不要减,音色试着柔和一些,把声音'凝聚'起来。"大家在老师的指导下又试了一次。渐渐地,我们的声音不再刺耳,说是天籁也不过分了……

回想起这些事,我不禁沉思:既然合唱都是要大家的声音相互谦让才能融为一体,那人与人之间的交往呢?是不是互相谦让,大家的关系就会更加和谐呢?

看似简单的合唱选修课,让我有了比唱歌更大的收获。这些收获有的是老师的点拨,有的是我自己的顿悟,不论是什么,都值得我深思。我想,这些启示肯定会伴随着我的人生,像启明星一样照亮我未知的旅途……

(七)课程案例:当版画遇上……

案例一 "当版画遇上纸袋"教学设计[①]

版画和其他画种一样,都需要进行技法的学习。但技法的学习恰恰是最枯燥的,学生经过一段时间的学习常会觉得无趣。如何保持学生学习版画的兴趣尤其重要。"当版画遇上纸袋"课程设计的初衷就是让学生把版画这种表现形式结合到环保纸袋上,打破版画只能印在画纸上的这种常规思维,让本来"无趣"的版画变得有趣,也让版画艺术在学生心中留下深刻的印记。

1.教学目标

第一,在欣赏各种各样纸袋的同时,感受纸袋上独特的图案带来的视觉享受。

第二,学习设计制作一个有独特图案的纸袋。

2.教学要点

重点:运用软塑板设计制作一个独特的图案。

难点:在拓印纸袋时,注意力度和手掌压印的角度。

---

① 本篇课例作者为广州市番禺区沙湾中心小学教师赖国华。

3. 作业要求

第一，能运用软塑板在纸袋上印出图案。

第二，能运用软塑板在纸袋上印出独特的图案。

第三，能运用软塑板在纸袋上印出独特且美观的图案。

4. 材料准备

软塑板、美工刀、空白纸袋、铅笔、油墨、滚筒等（图2-8）。

图2-8 工具材料

5. 教学过程

（1）欣赏有各种各样图案的纸袋。

（2）教师提问：这些图案表现的是什么内容（动物、人物、植物、文字、图形等）？这些纸袋与你平时所见的纸袋有什么不同？如果让你来设计一个图案，你会选择什么样的图案？

（3）视频演示软塑板版画制作步骤。

（4）学生按步骤设计制作作品（图2-9）。

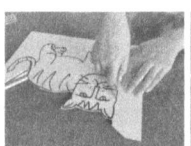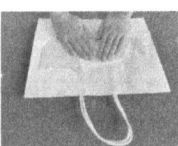

图2-9 软塑板版画制作步骤图

①用油性笔在软塑版上直接画稿；

②用铅笔或圆珠笔跟着画稿重画一遍，尽量要画出粗一些的凹痕；

③把整个外形用美工刀切出，并滚上油墨；

④把版对准纸袋要印的地方，轻轻放下，并用手掌垂直压印；

⑤印制完成。

（5）展示评价。

先让每位学生提着自己设计的纸袋走T台秀，接着评出最受欢迎的纸袋。

课堂上，教师给每位学生提供了一块软塑板、一个空白纸袋，让学生把普通的纸袋变得不一般。学生的学习热情高涨，都想设计出一个与众不同的图案。最后呈现的作业效果出乎意料，学生们都很喜欢自己创作的独一无二的作品（图2-10）。在很长一段时间里，在校园里经常可以见到提着自己设计的纸袋自豪走过的学生，学生的成就感得到满足。

图2-10　部分作品展示

案例二　"当版画遇上白T恤"教学实录[①]

版画对于小学生来说，既是对其想象力与技法的考验，也是对其耐心与细心的磨炼。很多学生因耐心有限很难坚持下来，有些学生甚至一张版画还没完成就兴致大减了。"怎么让学生在枯燥的技法学习阶段，保持做版画的兴趣？"这是学校教师常常思考的问题，这个问题也促使教师不断创新自己的版画课堂。

版画是一门既古老同样又很当代的画种。说它古老，是因为世界上到目前

---

① 本篇课例作者为广州市番禺区沙湾中心小学教师赖国华。

为止,有具体日期可考的版画作品,最早是我国刻于唐咸通九年(868年)的《金刚经》卷首图,比欧洲的木版画要早500年。说它当代,是因为版画与传统画种不同,它受当代科学技术发展的影响较大。不管是木版、铜版、石版还是丝网版,都离不开绘、刻(制)、印三部曲。不管哪种画种,在学习技法阶段都是枯燥的,而以往,学校教师尝试过很多办法。比如分阶段换版画制作的材料、表现的内容等,这对于蒲公英版画社的同学而言,帮助他们取得过不错的效果,但对于从未接触过版画的"大艺术"课版画选修班的同学来说,却收效甚微。

正当教师一筹莫展的时候,无意间听到一个学生对同学说:"我爸爸出差给我买了件T恤,你看这图案没有人跟我的一样哦!"这真是一语惊醒梦中人。"独一无二的图案,不就是独版版画吗?"这种想法突然从教师的脑海中迸发出来。是的,只是换一种媒介印上去而已,那木刻凸版能不能印在T恤上呢?

有了这个想法后,教师就开始不断地尝试。通常T恤上的图案都是采用丝网版漏印上去的,为了尝试可行性,教师找出了几件不常穿的、不同颜色的T恤,用不同的颜色进行试印,最后发现在浅色的T恤上印深色的效果最好。木刻凸版印在T恤上虽然不能像丝网版那样可以套很多色,但相信只靠独一无二的图案就能抓住学生的兴趣点。说干就干,就这样"我的T恤我做主"创新版画课堂在沙湾中心小学诞生了。

然而,在课程的实施过程中,也出现了一些问题。比如,有的学生把版做出来了,很想印,但找不到合适的T恤,哪怕是一件旧的衣服,甚至是毛巾,也找不到合适的。但我们相信,办法一定比问题多。这个课堂不单单是改变印的材质,更是一种快乐的体验。后来,学生们积极克服困难,自信地展示自己印的T恤(图2-11),并向别人自豪地说:"我这件T恤独一无二哦。"此刻,

图2-11　作品成果

一切的付出都是值得的。

实践表明，艺术选修课程能够充分体现学校"和而不同，各美其美"的办学理念，有利于实现学校课程项目多元化、专业化；有利于课堂教学组织，提高学生学习主动性与专注度；有利于培养学生的兴趣特长，提升他们的技能和素养，激发学生的获得感和成就感；有利于"一校多品"的建设，具有普及性的选修课程与社团建设连成阶梯式发展模式，可促进学校多元化品牌项目可持续发展。从多年的实施效果来看，100%的学生参与艺术选修课程，真正实现了学生通过课堂可以掌握至少一项艺术技能的育人目标。

二、劳动选修课：手脑并用，传承大国匠心精神

著名作家路遥在《平凡的世界》中写道："劳动，是人生的第一堂课。只有劳动才可能使人在生活中强大。"如果没有劳动，便没有我们现下的世界，没有人间烟火，也就没有历史车轮的滚滚向前。因此，劳动是我们生活的根基。那么，对教育而言，我们要教会学生什么？除了学科知识、思维认知、技能方法，最基本的或许是"会生活"的能力。

2022版新课标发布，劳动课程"独立门户"，"劳动课程""综合实践活动""地方课程""校本课程"安排占九年总课时的14%～18%，劳动教育的重要性不言而喻。新课标中还提供了一至九年级的"劳动素养要求"及任务群对应的"活动建议"，为一线教师教学指明了方向。

从新课标中的任务群和活动建议中，我们发现，不仅学校自身的劳动选修课程中的主题契合了新课标的任务群，我校在劳动课程中融入沙湾文化的举措，如飘色、鱼灯等传统工艺制作，与新课标在生产劳动类中强调的传统工艺制作也是不谋而合的。

我们的劳动选修课坚持把沙湾民间艺术资源与学校文化整合。目前，鱼灯、飘色被引入课堂，还成为省、市级品牌项目。这些品牌项目面向学生完整的生活世界，引导学生从日常学习生活、社会生活的接触中提出具有教育意义的活动主题，使学生获得关于自我、社会的真实体验，建立学习与生活的有机联系。依托沙湾独特的文化资源，学校品牌项目不断深入实施，学校也被评为广东省优秀传统文化传承学校。

以鱼灯为例，沙湾鱼灯是一项古老的民间艺术。在春节、元宵节、中秋节等传统节日之夜，儿童肩扛或手提鱼灯，在古街古巷间列队巡游，兴高采烈之余亦甚为热闹，由此渐渐成为一项极具地方特色的民俗节庆活动。

沙湾小档案

沙湾鱼灯

1912年，为庆祝辛亥革命的胜利，沙湾古镇举行了首次大规模鱼灯巡游。从1945年起，沙湾将每年10月定为鱼灯巡游的时间。20世纪80年代初，镇内学校的1000多名学生扎制了1000多盏鱼灯，在中秋节晚上举行了盛大的鱼灯巡游。此后，鱼灯巡游中断，直至2012年元旦期间，沙湾举办了第一届中小学校鱼灯制作大赛，并举行了提灯会，才恢复了中断近30年的鱼灯巡游，使得沙湾孩童"提鱼灯、唱童谣、游古镇"的景象得以重现（图2-12）。

图2-12 鱼灯巡游活动盛景

沙湾鱼灯是沙湾的一张名片，它曾先后获得多个国家级和省级花灯文化节作品金奖。沙湾的民间艺人在传统扎作的基础上，不断推陈出新，扎作出造型各异、具有本土特色的鱼灯作品，在各种花灯文化节上频频获奖。沙湾东村民间艺人张镇生更是被列为市级非物质文化遗产（鱼灯）传承人。为了使沙湾鱼灯文化得以传承与发展，沙湾镇政府在全镇中小学、幼儿园开展鱼灯制作大赛和鱼灯巡游，以此推进鱼灯文化进校园，让沙湾每一位学子自觉地了解沙湾文化、了解沙湾鱼灯，继而传承和创新沙湾鱼灯。如今，鱼灯制作大赛和鱼灯巡游已成为全沙湾中小学、幼儿园每年的重要活动。

习近平总书记强调："每一种文明都延续着一个国家和民族的精神血脉，既需要薪火相传、代代守护，更需要与时俱进、勇于创新。"传承和发展沙湾鱼灯文化，对进一步了解沙湾深厚的历史文化积淀，更好地传承珍贵的文化遗产都具有重要意义。在传承的同时，沙湾中心小学更多的是考虑如何创新。我们认为，只有创新才有生命力，只有创新才能与时俱进，只有创新才能更好地发展，只有创新才能让学生自觉地传承，从而增强文化自信。例如，近几年，学校在传承鱼灯文化方面不断进行探索，让鱼灯文化走进校园、走进课堂，在实践中以创新思维推动鱼灯项目的发展，从而满足现代儿童的审美观和发展需要。

（一）材料的创新

传统的沙湾鱼灯制作是以竹篾、木条、砂纸扎作成骨架，用糨糊封上白纸或绸缎，配以棉线、铅丝、纸条等作装饰，再涂上颜色或画上图案，最后在鱼灯里放置蜡烛用作照明。而现代制作鱼灯的材料、工具样式多，操作方便。

由于现在很少有人懂得制作竹篾，而且这种材料不但难找，还容易伤手，在用竹篾制作鱼灯骨架时，必须用火烤才能制作出想要的形状，所以这个过程存在较大的安全隐患。为此，学校决定改变思路，从材料上进行创新。现在，学生制作的鱼灯基本上是用铁线作为制作骨架的材料（图2-13），封骨架的白纸大部分改为专用的布。这些布有弹性，能防水，非常便于封骨架。用白乳胶代替糨糊，粘贴更牢固。颜料一般用丙烯、手喷漆等防水材料，而照明一般使用LED灯，具有安全、节电的特点。此外，在颜色和装饰上，色彩的多变能让鱼灯作品更加绚丽多彩。只要是适合制成鱼灯的装饰配件，都可以在网上

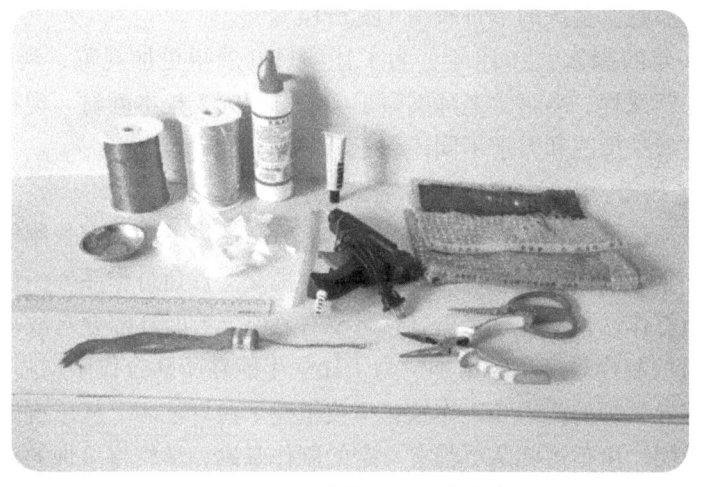

图2-13　制作鱼灯的部分材料

便利地找到。

在实践中,学校鼓励学生从生活中挖掘素材,只要是能够用于鱼灯制作的材料都可以用上,以此来引导学生懂得变废为宝,培养其观察生活的能力。这样不但解决了材料的问题,而且给予了学生更多的思考空间,激发学生学习和探究的兴趣。

(二)学习模式的创新

1. 课程推动,提升技能

从2017年开始,为了让学生了解沙湾优秀传统文化,让文化融入课程,学校决定在乐玩课程中开设沙湾飘色和鱼灯制作两大非物质文化遗产项目。这两个项目面向四至六年级的学生,每个年级10人,共30人。每周五下午连上2课时,由有一定鱼灯制作经验的冯耀堂老师担任鱼灯制作项目的授课教师。由于这是一门全新的课程,既没课本,也没经验,并且学生年龄跨度大,对于授课教师来说是一个很大的挑战。不过,这些学生热爱鱼灯,喜欢动手,这对于课堂管理与教学实施很有帮助。没有教材,冯老师就上网查找相关资料,咨询有经验的教师,采访鱼灯老艺人,最后初步规划了课题与教学进度。

由于制作鱼灯需要的材料与工具比较多,而且较为特别,因此,由学校拨出经费用于购买材料与工具,免费提供给学生使用。一般情况下,每位学生用3~4周时间就能完成一件小型的鱼灯作品。学校会让他们先把作品带回家给家长欣赏,与家长分享制作鱼灯的心得与喜悦,再把作品挂在学校美术室进行展示,定期更换。每年中秋节前,学校会选择一些优秀作品挂在教学楼大厅进行展出,让学生对自己的作品充满成就感,让他们互相学习与分享的同时,在校园内营造温暖、喜庆的节日氛围(图2-14)。

经过一年的探索,2018年,为了让项目开展得更加规范、科学、合理,真正变成一门课程,冯耀堂老师编写了《鱼灯闪闪》校本教材。现在,教材课时随着具体教学情况和需求不同还在不断增补新的内容。

2. 组建社团,打造品牌

随着沙湾鱼灯制作大赛方案的改变,由原来的以学生和家长制作为主,变成由教师和学生制作,而且每所学校只需要提交一件鱼灯作品——作品规格要求是大型鱼灯作品,不再是手提灯,且要有底座,有时还需要有故事性的组合鱼灯,鱼灯的制作难度不断增加。为了让学生能在团队合作中增强实践能力,同时减少辅导教师的压力和工作量,学校组建了鱼灯社团,从乐玩课程中选拔学生加入社团。由于这些队员都有一定的制作基础,学校将培训的重点放在造型与创作能力上(图2-15)。把参赛作品的制作融入乐玩课上完成,这样能够

图2-14 学生在课堂上开心地展示自己的作品

图2-15 学生在制作大型鱼灯作品《如鱼得水》

大大地减少教师教学的压力与教学时间,也能让学生有更多的时间加以修改与完善,尽可能地做出心目中满意的作品。

为了让学生真实地感受传统文化的精髓,一睹鱼灯制作传承人的风采,学校邀请了市级非物质文化遗产(鱼灯)传承人张镇生老师进入课堂,给学生讲解鱼灯的制作过程(图2-16)。在这过程中,学生学到的不仅仅是鱼灯制作的技能,更多的是学习老艺人的匠心品质,从而提高自身的综合素养,懂得"学做事先学做人"的道理。

图2-16 鱼灯传承人张镇生老师给同学们做示范

此外,沙湾古镇每年会举办鱼灯作品展,展出师生们制作的鱼灯,供游人观赏、同学交流以及专家评析。借此机会,学校组织学生利用综合实践活动时间去参观学习,提高他们的欣赏水平,开阔他们的眼界(图2-17)。

图2-17 学生参观鱼灯作品展

3. 以赛促练,全员参与

学校是传承中华优秀传统文化的主阵地,为了让更多的学生认识鱼灯,学校把过去的花灯制作大赛改为鱼灯制作大赛,对照镇级比赛规则,制定学校的比赛方案。首先,美术教师利用美术课堂,启发学生创作的思路。其次,学校召开班主任会议,传达学校比赛的意图,指导学生的制作方法与技巧。接着,学生和家长一起制作鱼灯后,在班级里评选出5件优秀鱼灯作品参与校级评选。最后，学校举办鱼灯展（图2-18），展出各班的优秀作品，全体师生进行欣赏交流。由艺术组教师和少先队大队部各部长组成评委组对作品进行打分，按照镇里分配的名额选出最好的作品代表学校参加沙湾鱼灯制作大赛。

图2-18　在校园里举办鱼灯作品展

在这一过程里，每个学生都参与了鱼灯的制作。比赛的重点不在于作品的制作水平如何，而在于学生通过比赛了解了鱼灯知识及其文化内涵，家长与学生之间的互动体验得到了升华。通过比赛，学生和家长真正参与到传承沙湾鱼灯文化之中，不仅提高了学生的学习能力，还培养了学生的传统文化素养，有助于形成文化认同。

（三）主题的创新

鱼灯没有固定的形状，其题材也充满时代特色。但是，传承传统文化，要先从传统制作技法入手。为此，一开始先让学生制作鱼形鱼灯，理解鱼灯的寓意，引导学生爱上鱼灯文化。随着学生能力的提升，学校鼓励他们尝试制作其他形状复杂的鱼灯作品，甚至以小组的形式创作带有主题性或故事性的组合作品。在不断地鼓励和支持下，学校鱼灯社团创作了《如鱼得水》《和美之星》《古韵沙湾》《众志成城，抗击新冠》等大型鱼灯作品。越来越多的鱼灯作品体现出时代价值，融入生活、融入社会，更容易打动参观者。

2018年，沙湾镇中小学、幼儿园鱼灯制作大赛的主题是"中国梦·复兴梦"。大赛要求作品可以表现为关于新中国发展历程的灯组（如文化、科学、体育、运输等方面），也可以为表达国家富强、实现中华民族伟大复兴的宏观目标等寓意的灯组，还可以结合"一校一品"进行内容创作。学校与鱼灯社团的学生共同商议，学生发挥自己的想法，最后选取了"和美教育"特色内容进行创作,确定了参赛的鱼灯作品主题为"和美之星"。此作品题材以学校的吉祥物"和和""美美"为主要造型,该吉祥物是由广州市市花红棉演变而来的,代表着"和美教育"的办学理念。"和和""美美"手拉着手迈步向前,前面的五颗不同颜色的星星代表着"德、智、体、美、劳"五育并举,同时代表着不同特长的学生在未来的人生道路上将"和而不同,各美其美"。

作品制作使用了钳子、剪刀、碟子、直尺、电热枪等工具,材料有铁线、白乳胶、万能胶、砂纸、白布、珠片布、金线、乒乓球、丙烯、手喷漆、水粉笔、LED灯、木板等。2位美术教师和5名五年级学生,由设计稿件开始到制作骨架、安装LED灯、封布、装饰画图、组合安装,历时5天,最终完成了大型鱼灯作品《和美之星》(图2-19)。

图2-19 《和美之星》的亮灯效果

鱼灯制作也是学校渗透劳动教育的抓手之一。新时代劳动教育是社会主义教育的重要内容,也是学校教育教学工作中的重要一环。学生通过与家长合作制作鱼灯,与教师研讨,参与作品设计,创作了一大批优秀的鱼灯作品,动手能力也得到大大的加强。这些作品通过参与比赛、展览,得到人们的喜爱与赞美,使学生感受到成功的喜悦。另外,学校推荐学生参加"番禺区娃娃妙会",现场制作鱼灯并展示,同时举办鱼灯义卖活动,把获得的经费捐给需要帮助的人。这些方式让学生的劳动作品发挥出最大的价值,在愉悦自己的同时还帮助了别人。学生通过劳动创造了美,树立了正确的劳动观念和劳动态度,他们的才能、智慧、品格、意志、情感等本质力量,以最直接、最集中的方式体现在鱼灯制作之中。

中华优秀传统文化是文化自信的源泉,是"以文育人"的重要素材。然而，现在很多非物质文化遗产项目存在坚守难的现状。学校是最好的传承基地，提倡非物质文化遗产项目进校园，在年轻一代渗透传统文化教育，优秀的传统文化才不会流失，才能得以更好地传承和发展。用优秀传统文化对学生进行文化自信教育，有助于提升学生对本土优秀传统文化的了解和认识，有助于学生认识和了解家乡，将中华优秀传统文化内化于心、外化于行。

"传统文化+教育"，碰撞出了传统文化新的生机。传统文化进校园不但使文化得以传承与发展，也使学校能更好地挖掘传统文化的育人功能。以优秀传统文化滋润学生的心田，有助于增强学生的爱国主义情怀和民族自豪感，提高学生的综合素质。自从学校开展传承沙湾传统文化进校园活动以来，师生们通过参与和体验各种活动，主动地了解本土文化，主动地走近民间艺术。在这一过程中，师生们的审美水平得到提升，行为上也受到积极影响，表现出自信大方的态度，并对本土优秀传统文化感到自豪。

鱼灯制作可以探索出如此多的方式进行传承与发展，其他优秀的传统文化是否也可以这样去做呢？答案并非唯一。毕竟不同的文化有着不同的特性，传承与发展也就有不同的方式。到底怎样才能更好地传承和发展沙湾优秀本土文化呢？沙湾中心小学一直在探索。

第三节　融合课程，爱上沙湾

2013年12月12日，习近平总书记在中央城镇化工作会议上指出："我们的城市有许多历史记忆，特别是一些历史悠久的老城区，是最宝贵的东西，不能因为浮躁、无知而破坏掉。"沙湾以文育德，以文怡情，蔚然成风。800多年的文化沉淀使沙湾成为广东音乐之乡、飘色之乡、兰花之乡，厚重的耕读文化、地道的美味小吃、精致的建筑文化、美轮美奂的艺术文化，蕴含着岭南文脉的独特风情。时至今日，这些民间艺术仍然得到当地政府的保护，并深受群众的喜爱。沙湾中心小学地处沙湾镇中心，有着得天独厚的文化资源。

一、沙湾研学旅行课程

早在2005年，沙湾中心小学就已经编写了《沙湾民俗文化》，并把它融入学科教学，在综合实践活动中运用，也在国家课程、德育活动、社团活动中加以渗透。有了10多年的积累，沙湾中心小学以改革创新的魄力，通过与综合实践课程相结合，围绕着"探寻文化根源，共育和美学子"，在研学课程开发上进行探索，形成了"爱上沙湾"系列研学实践活动课程。学校借助研学实践活动，让学生全面认识沙湾本土文化，也让独具岭南特色的沙湾民俗文化在学生心中扎根。可以说，"爱上沙湾"系列研学实践活动课程是学校发掘、利用沙湾民俗文化的升级版。

（一）资源开发：沙湾民俗文化素材库

为使所拥有的丰富课程资源得以充分利用，学校采用分工合作的方式，在有关专家的指导下，组织参与课题研究的教师，通过上网查询，访问民间艺人，请教文化管理人员，走进古街村落，走进青山秀水，发动同事、学生、家长帮助搜集等多种途径探寻民间艺术文化。

学校整理出沙湾乡土文化资源分析表（见本书第一章表1-1）。根据表格，将沙湾文化资源划分为学生与生活、学生与自然、学生与民俗艺术文化、学生与艺人、学生与群众五大类。通过对本地课程资源的开发、分类、整理，学校初步建立了沙湾镇乡土课程资源素材库。该素材库中有各类图片数百张，文字资料近万字，有关书籍数十本。这些素材为沙湾镇乡土课程资源的利用提供了丰富的第一手材料，也大大地方便了教师的教学，减少了备课时间。

（二）课程目标：培育乡土之爱

学校立足于传承沙湾民俗文化，依据沙湾文化资源，从艺术文化、宗祠文化、建筑文化三个主题开展研学活动，体现课程的实践性、多元性、互动性。课程坚持以人为本，突出学生主体地位，以学生调查、访问、探究、体验等形式，带领学生走进古镇，感受沙湾民俗文化的博大精深与非凡魅力，培养学生的创新思维能力和实践能力。

为实现"培育乡土之爱，厚植家国情怀，提高综合素养"的课程总目标，"爱上沙湾"系列研学实践活动主题鲜明，每一个年级研学的目标和侧重点不同，内容丰富多样（表2-8）。

表2-8　各年级研学活动内容

年级	研学内容
一年级	1. 了解沙湾农耕历史，感受田园风光，认识农作物及其他常见动植物； 2. 学会简单的农耕种植技巧，培养动手能力； 3. 养成热爱劳动的习惯，培养珍惜粮食、保护环境的意识
二年级	1. 探寻沙湾特色美食，了解以沙湾水牛奶为原材料的沙湾传统美食的制作工艺； 2. 通过小组合作研学培养与人合作的能力，锻炼理财能力； 3. 感受家乡的美食魅力

续表

年级	研学内容
三年级	1. 参观沙湾的历史古迹，探访沙湾民俗文化，了解以广东音乐、沙湾飘色、壁画和灰塑为代表的沙湾艺术特色； 2. 培养艺术精神，能理解和尊重文化艺术的多样性，具有发现、感知、欣赏、评价美的意识和基本能力； 3. 感受沙湾艺术韵味，激发对沙湾艺术的热爱之情
四年级	1. 参观沙湾特色建筑，探究沙湾传统祠堂、民居、园林等建筑布局，了解建筑材料的发展及建筑装饰艺术； 2. 通过小组合作研学，增强合作意识和规划能力，培养信息收集能力和整合能力； 3. 了解沙湾建筑的发展历程，激发对乡土文化的热爱之情及对未来美好生活的向往
五年级	1. 通过情景模拟，感受沙湾传统耕读文化及礼仪，走访沙湾文教代表点，认识沙湾文教名人，感受沙湾浓郁的文化和教育氛围； 2. 小组合作研学，增强与人沟通合作的能力，提升规划意识； 3. 认识文化和教育的重要性，有意识传播乡土文化，助力家乡发展
六年级	1. 走进沙湾代表企业，了解沙湾工业和技术发展情况； 2. 感受沙湾企业的传承与发展，树立主人翁意识，为家乡发展作贡献； 3. 培养探究精神，学会多角度思考和解决问题，学会运用发展的眼光看问题，通过参观企业唤醒生涯规划意识

（三）课程主题链：从1.0到2.0

确立了课程目标后，2017年，学校以沙湾古镇作为研学基地，编写了"爱上沙湾"系列研学实践活动手册（1.0版本），设计了"研学沙湾古镇，传承民俗文化"研学实践活动。活动以年段为目标，规划了"艺术文化""宗祠文化""建筑文化"3个研学主题，并规划了3条研学旅行路线（表2-9）。其中，一、二年级以"畅游沙湾古镇历史文化"为主题，三、四年级以"何氏家族的历史"为主题，五、六年级以"岭南建筑科学之旅"为主题。通过上述教学活动，学生的综合能力得到有效的提升，学校对学生核心素养的培育工作也得以真正落地。

表2-9 "爱上沙湾"系列研学实践活动路线及研学内容

年级	研学路线	研学内容
一、二年级（艺术文化）	沙湾中心小学—留耕堂—三稔厅—沙湾广东音乐馆—何炳林院士纪念馆—古镇书斋—文峰塔—返校	通过参观沙湾古镇留耕堂等展馆，欣赏沿途的建筑、沙湾古墙，了解沙湾古镇的艺术文化、宗祠文化、建筑文化
三、四年级（宗祠文化）	沙湾中心小学—留耕堂—何炳林院士纪念馆—三稔厅—古镇书斋—文峰塔—返校	了解沙湾宗祠建筑、宗祠文化以及何氏家族的历史；了解沙湾古镇中宗祠及民居的建筑布局、建筑材料、建筑装饰艺术等内容
五、六年级（建筑文化）	沙湾中心小学—古镇四个展馆—留耕堂—民宅建筑—沙湾古墙—返校	感受沙湾建筑的艺术美以及岭南建筑科学；了解古镇人民艰苦奋斗的历史

2019年，学校经过多方研讨，在原有的基础上对研学旅行活动进行了优化升级，开发了"农耕之旅、美食之旅、艺术之旅、建筑之旅、文教之旅、企业之旅"六个主题的"爱上沙湾"实践活动课程（2.0版本）。该课程设计了课程目标及课程任务，引导学生深入研学地点了解沙湾乡土乡情，提升综合素养，启发学生进行生涯规划。该升级版课程将沙湾文化与研学旅行活动深度融合，研学主题鲜明，涵盖沙湾优秀特色文化内容，课程设计系列性强，体现了沙湾从农业走向工业的发展历程，有助于提升学生对沙湾文化的认同与理解，坚定文化自信并走向文化觉醒，积极参与传统文化的保护。

在"爱上沙湾"系列研学实践活动手册（2.0版本）中，六个年级的学生分别以不同的角色对沙湾乡土的六个研学主题文化开展深入探究，包括农耕文化（农耕小达人）、饮食文化（美食体验家）、艺术文化（艺术鉴赏家）、建筑文化（建筑魔法师）、耕读文化（明朝小学士）和企业文化（未来企业家），做到了研学活动主题化、系列化。在教师的带领下，或在学生的自发组织下，大家一起活动、互动、交流，一起学习、生活、住宿，共同体验，相互研讨。学生走进沙湾文化，逐一品味乡土文化气息；走进小组学习，共同探寻岭南文化根源，真正在体验、感受、了解中爱上沙湾这个岭南古镇。

研学实践在培养学生认知能力、引导学生人格形成两方面均有重要作用。它让学生直接体验社会，学习自然文化知识，提高跨文化理解能力，既可培养学生的集体意识，又能促进学生能力水平的发展。经过三年的探索与实践，沙湾中心小学研学实践活动具有了一定的规模，研学内容呈现出主题化、课程化的特点。

1. **寻找铁牛，感受厚实的农耕文化**

"爱上沙湾"系列研学实践活动内容包括农耕文化、饮食文化、艺术文化、建筑文化、耕读文化和企业文化。其中，在农耕文化中，学生可以了解到沙湾的先辈是如何重视农业发展的，他们自力更生，开垦耕地，独具特色的铁牛见证了一代代沙湾先辈在历史变更的潮流中对农业的重视，诠释了"民以食为天"的文化内涵。社会的进步与发展有赖于温饱的物质基础，只有解决了人们的温饱问题，家庭才和谐，社会才稳定。同时以此出发，联系当今国家在农业发展战略中坚守耕地红线的政策，引导学生关心国家大事，以更长远的目光立足当下、思考未来。

2. **品尝美食，解读暖心的孝道故事**

品尝美食，感受每一种美食所承载的历史背景。闻名遐迩的"姜埋奶"，肥而不腻，齿间留香。学生在学习制作美食、品尝美食的过程中，聆听长辈讲述孝顺的故事。一碗姜埋奶，除了味道美，更能暖人心的就是它所诠释的孝道内涵。"狗仔粥"一名虽然俗气，但在品尝过程中可以感受"九仔"对父亲的不离不弃，虽然那时生活水平非常一般，"九仔"却把家中"最好"的虾米、花生等普通食物熬成一碗美味的粥，让年迈的老父亲在过年时看到了希望。百行孝为先，品尝美食，让学生们感受孝道，学会孝顺父母和长辈。

3. **寻访名人，感受热爱祖国的情怀**

沙湾民风淳朴，人才辈出，最让当地人称道的便是何炳林院士——我国著名的高分子化学家、教育家，中国离子交换树脂工业的开创者，被誉为"中国离子交换树脂之父"。何炳林院士于1958年创立南开大学高分子学科，该学科是我国最早建立的高分子学科之一。何炳林院士纪念馆由"塑像瞻仰·家乡人民的骄傲"等10个部分组成，以文字、图片的形式，展示了何炳林院士献身中国科技、教育事业的一生。教师带领学生走进何炳林院士纪念馆，欣赏他用过的物品，阅读墙上的介绍，观看纪录片，在真实的环境中感受到他热爱祖国的情怀。何炳林院士用他的一生，向家乡人民诠释了"中国心""中国情"，激励着学生"求真向善，谦和至美"。

4. **欣赏艺术，感受家乡文化的魅力**

独具特色的建筑、远近闻名的飘色、别具一格的灰塑、惟妙惟肖的砖雕，均散发着迷人的魅力。学生走进古镇，迈进宝墨园，穿过大街小巷，沙湾包罗万象的艺术尽收眼底；欣赏《赛龙夺锦》《雨打芭蕉》，感受广东音乐的美妙，回味着沙湾往事。一代代艺术家继往开来，为家乡的艺术奉献自己的智慧和心血，以踏实的脚印追寻着自己的梦想。艺术家的寻梦、追梦和圆梦之路，激励着学生在新时代追梦。

5.走进企业，开启人生职业规划

近现代企业为推动沙湾的经济发展作出过卓越的贡献。例如，紫坭堂的前身是紫坭糖厂，对于老番禺人来说，紫坭糖厂在记忆中是响亮的老字号。紫坭糖厂是中华人民共和国成立后我国自行建设的第一家拥有自动化榨糖生产线的国有企业，也是番禺区境内最早的大型国有企业之一，迄今已有60多年历史。1997年，由于原材料价格上涨，糖业竞争加剧，导致糖厂因此关闭，旧厂区被废弃或作为仓库出租。近年，曾经辉煌后归于沉寂的紫坭糖厂忽然发生了令人着迷的变化：昔日残垣败瓦的厂房、苏式办公楼、员工宿舍经过设计师精心改造后，成了涵盖特色主题酒店、高档法国餐厅、艺术展会等一系列休闲旅游设施的艺术创意园区。学生通过查阅资料，听研学导师讲解，了解紫坭糖厂过去的辉煌历程；通过调查、观察，感受到了现代创意赋予它的活力。此外，研学导师还带领学生走进广州雅耀电器有限公司、广州市新力实业有限公司两个现代大企业，了解企业文化，感受科技进步给现代企业带来的变革，在研学中引导学生对未来人生职业进行初步规划设想，勉励学生为追梦而努力。

（四）课程模式："五四三二模式"

研学课程是植根于社会文化基础的教育活动。扎根于本土文化的研学课程，可以让学生在落实研学任务中做到知行合一、动手动脑。学生通过亲身体验、实践参与，在自然和社会中领略家乡的灿烂文化，从而开阔眼界、提升技能、感悟人生。在具体实施上，沙湾中心小学研究了五个面向、四种方式、三个团队、两种形式的"五四三二模式"课程模式。

1."五个面向"构建课程体系

一是面向立德树人，坚定文化自信。文化的核心是价值观。研学课程让学生走进优秀文化，力求将中华民族优秀文化的基因植入学生的心中，有利于学生坚定文化自信，树立远大理想。如"美食体验家"们在体验姜埋奶这种沙湾特有的甜品美食的同时，重要的是探寻其背后的孝道故事；"农耕小达人"在了解农耕知识的同时，重要的是了解与铁牛有关的围海造田的故事及中华民族艰苦奋斗、自主创新的故事；"明朝小学士"在了解"耕读兴业"优秀传统时，重要的是认识和学习乡人何炳林院士研发原子弹的"中国心""中国情"。

二是面向方法运用，提升研学能力。研学旅行是综合实践活动的一种活动形式。学生根据研学主题，有目的地设计不同形式的研学活动，包括现场考察、设计制作、角色体验等。如"艺术鉴赏家"聆听广东音乐，判断乐曲名称；"造型设计师"观察飘色板块构造，写出相应的飘色名称。研学课程结合不同的活动方式，使学生在感受沙湾人"礼乐传家"的传统文化的同时，促进多元智能的发展。

三是面向学科学习,学会综合运用。研学课程的实施是一个综合运用知识解决问题的过程。学校将研学任务与学科学习相结合,让学生做到学以致用。如"农耕小达人"要在收获番薯的环节,完成记录、计算收获的数量和组间比较多少的任务;"美食鉴赏家"要合理使用30元活动经费购买3种以上不同美食,解决午餐问题,学会理财和计算,做一个懂得生活的人;"明朝小学士"要在规定时间内完成诗词填写的任务;"未来企业家"要收集数据制成条形统计图并做好数据分析任务。

四是面向合作学习,树立团建意识。研学小组由队长、外交官、小记者、财务员、"智多星"等组成,分工落实,责任到位,每个人都要为小组贡献力量。围绕小组合作学习,学生设计了多项小组合作任务,如小组研学路线规划、小组考察研学任务、小组责任地种菜劳动、创意造型合照、小组蚝壳搭建、小组团康游戏等,进一步提升了小组的凝聚力。

五是面向创新思维,启迪人生规划。研学旅行让学生贴近了生活,拓展了视界。学生走进企业研学,能够拉近文化与生活的距离,学会用发展的眼光看世界,启发自身的创新意识,进一步明白"生活即学习"的道理,树立终身学习的观念,启迪人生规划意识。

2."四种方式"实施研学课程

一是考察探究,培养问题解决能力。人才的价值体现在发现问题的意识及解决问题的能力,这种能力的培养需要在具体的实践中引导学生发现问题并学会多元化地解决问题。考察探究是研学实践的主要活动形式,其过程一般是寻找信息—收集信息—筛选信息—完成任务。考察探究主要通过观察、调查、采访、摘录、拍摄等方式解决研学任务,如"建筑魔法师"穿越考察了富有特色的"三间两廊"民居布局,实地考察了民居建筑材料的变化过程;"美食体验家"调查了解了不同美食的价格;"未来企业家"与企业管理者共同对话,了解企业的产品和发展过程。有些学生还主动采访了生活在古镇里的老人,了解了更多研学手册中没有的问题。

二是设计制作,培养实践创新能力。创新意识虽然是隐性的,但通过作品可以得以外显。设计制作是培养学生实践能力和创新精神的重要途径,也是学生认知能力和动手能力的显性体现。如"未来企业家"动手绘画设计灯具、保温杯;"建筑魔法师"一起搭建蚝壳塔;"艺术鉴赏家"动手制作龙舟泥塑;"美食体验家"学习制作姜埋奶;"农耕小达人"体验收获番薯、种植蔬菜、美化小鸟的爱心小屋等。虽然不同的年级有不同的主题,但是创新能力的培养目标是一致的,这一点在不同的任务中都得到了充分体现。每一个作品,都凝聚了学生的智慧与心血。

三是角色体验，培养假设求证能力。研学任务的完成需要学生大胆假设，在实践体验中进行求证。学生在研学中不但是研学者，更是传承者、代言人，如"美食体验家"模拟美食家，录制自己喜欢的美食推荐小视频；"建筑魔法师"成了宝墨园景点的导游；"明朝小学士"身穿汉服，经历了"小生有礼—十年寒窗—游学四方—考前祈福—行前祝福—决胜考场—寻找名人—回到现在"八个任务，通过情景模拟体验古代沙湾人求取功名的过程，亲身感受沙湾传统耕读文化及礼仪，认识文化和教育的重要性。

四是游戏闯关，培养合作竞争能力。游戏融知识性、趣味性、竞争性、合作性于一体，激发主体参与的积极性，特别适合低年段研学活动使用。如"美食体验家"通过"美食闯关"的五个环节，检验对食材的认知、小组的合作等能力；"明朝小学士"合作无间，完成了"神来之笔"的挑战。

3."三个团队"创新育人模式

学校的研学课程除了有教师参与，还创新地组建了三个导师团队，分别是家长导师、基地导师、机构导师，他们各司其职。

家长导师由家长志愿者担任，他们是活动保障的安全员、任务落实的监督员、紧急事件的通信员。充分调动家长积极性，发挥家长的优势，让家长参与研学课程，能有效解决学生分组多与教师人手短缺的问题。1位家长带领5位学生，能够让学生灵活、自主地在研学基地中开展研学，既保障了学生研学过程中的安全，又让学生有更多时间开展活动。

基地导师由沙湾本地资深专家担任，负责为学生介绍基本情况，回答学生的提问。由于"爱上沙湾"的主题研学涉及农耕、美食、建筑、艺术、文教、企业六个专题，每一个专题对学生而言都是非常有挑战性的，因此必须要有资深的专家为孩子作现场点拨——点在问题的关键处，点在学生的疑难处。

机构导师负责研学任务的组织，研学前，他们与学校教师共同制定研学任务；研学时，他们在不同的研学点给予学生帮助与引导；校外研学结束后，他们要组织学生总结当天的研学收获，反思不足之处。

4."两种形式"组织研学活动

"爱上沙湾"的六个主题主要采用集体研学和小组研学（5+1穿越）两种形式开展。研学的组织形式因研学任务和学生年龄而异，形式的选择以最大限度提高研学的效率和效果为原则。

集体研学主要是基于集体考察探究的需要。例如，一年级的"农耕小达人"，他们的主要研学任务是了解沙湾农耕历史，感受田园风光，认识农作物及其他常见的动植物，对于参观、讲解类的学习型任务，采用集体研学的形式去组织实施更加有效；又如，六年级的"未来企业家"，他们需要走进生产车间，了解灯具、杯具的生产制作过程以及企业的发展历程，尤其在车间内，集中研学更能保障学生的安全和研学效果。小组研学（5+1穿越）具有灵活性和互补性的特点，适合多样化的研学任务。同学间相互交流、相互促进，促使任务落实到位，有助于培养学生的合作能力和集体观念。"美食体验家""艺术鉴赏家""建筑魔法师"等则更加适合于分散开展研学。

整体来说，研学实践活动不是一场说走就走的旅行。研学实践活动是培养学生探究精神的实用性课程，每一个专题下，学生必须带着研学任务走出校园，在与同伴的相互影响和帮助下共同完成研学任务；而在研学任务的完成过程中，学生将获得如下能力的提升。

第一，提升学生研学实践能力。学生在采访中对采访问题进行细化，列出采访提纲；在访谈中收集信息、整理信息，把有用的信息规范完整地记录下来，都能有效地帮助完成研学任务。

第二，提升策划和表达能力。学生在研学中深入认识和了解家乡后，积极争做家乡的代言人，如拍小视频推介家乡美食；为沙湾飘色写一句广告语或宣传语，向游客们展示沙湾艺术的魅力；介绍宝墨园的美景等。这些都可以充分展现学生的组织策划能力和语言表达能力。

第三，提升操作与探究能力。各个年级的学生在不同的任务中，经历了多学科知识技能的融合，提升了操作与探究能力。如一年级学生在研学中认识了常见的小动物后，给小鸟绘制爱心小屋；二年级学生需要调查沙湾传统美食的价格，并把小组活动经费用好，既要品尝美食又要解决中午用餐的问题，在具体情境中运用数学知识；在项目体验中，三年级学生制作泥塑作品，选材来源于研学的主题或独具岭南特色的文化，如龙舟、飘色等，也有军事与科技相结合的题材，如军舰、航母等；四年级学生需要调查和研究园林、祠堂、民居的建筑风格，完成项目体验（搭建蚝壳模型以及完成建筑拼图等）；六年级学生的企业之旅需要完成通过采访制作职业卡片，拆卸、安装灯具，设计保温杯等任务。

（五）课程评价：一性两化

研学实践是活动化的课程，也是"做中学"的过程，其评价目标在于提高学生的有效参与度，促进研学成效。一是要重视过程性评价。评价学生在研学旅行中的参与度，评价学生动手做的能力，评价个体在团队建设中的领导、协作能力。二是要重视成果形式的多元化。鼓励多元化活动成果，鼓励有创新的活动成果，鼓励有进步的活动成果。三是要重视评价主体的多元化。让学生个体、团队、指导教师参与评价，使评价更客观、更全面。四是要重视学科成绩评价。将研学旅行纳入综合实践活动课程的成绩评价，并鼓励学科教师客观评价学生在研学旅行过程中的学科特性的表现，鼓励学生在活动中学习并运用知识解决问题。

在"爱上沙湾"系列研学实践活动课程评价表（表2-10）中，个人评价、小组评价分别有5颗星，学生可以为自己和小组成员的研学表现作出评价。在基地研学活动结束后，学校和研学实践基地联合对学生进行评价，并给学生颁发证书。

表2-10 课程评价表

个人评价	小组评价
1. 活动中学到新的知识，了解了更多沙湾本土文化； 2. 活动中积极参与研学，学会新技能； 3. 活动中能够与小组其他成员合作，积极沟通交流； 4. 活动中能够主动承担相应的责任，主动完成研学任务	1. 小组成员积极完成小组任务； 2. 小组成员团结协作、合理分工、互帮互助； 3. 小组成员积极承担各自角色的责任； 4. 遇到困难小组内部能及时解决

随着"爱上沙湾"系列研学实践活动的实施，参与活动的学生纷纷表示喜欢这一课程形式。例如，学习制作姜埋奶的二年级映弛（化名）同学说道："经过这一天的研学游，我了解到了一些养殖水牛的基本知识，并知道了姜埋奶糖、姜埋奶的制作过程，更令我开心的是可以亲手制作姜埋奶。经过游戏活动，我也懂得团结合作的重要性。这一天是增长知识的一天，是快乐的一天，更是令我难忘的一天。"二年级的雅萱（化名）同学认为："这次研学游，我们不是走马观花，而是很认真地在探究中了解沙湾特色美食。这次活动不但拓宽了我们的视野，加深了我们对沙湾的认识，最主要的是提升了我们的自理和独立能力、创新精神，同时让我们形成团结合作的精神，让我们收获了不少知识和快乐！"四年级的嘉鸿（化名）同学说："通过这次活动，我看见了岭南的各种建筑代表，分别有园林代表宝墨园、祠堂代表留耕堂、民居代表何少霞故居，它们让我想到了古诗中描写的岭南建筑特色的宏大。我们还在研学过程中做到了自己发现并解决问题，不畏困难。"

（六）课程案例：美的旅程

"爱上沙湾"系列研学实践活动，各年级都有不同的专题，分别是农耕之旅、美食之旅、艺术之旅、建筑之旅、文教之旅、企业之旅。所有的专题都离不开沙湾800多年的文化积淀。每一个年级的专题都能够从沙湾本土文化中汲取养分。下面分别选取了三个主题的实践案例，展示活动的精彩。

爱上沙湾·美食之旅

——二年级研学实践活动

沙湾美食植根于千家万户、大街小巷，是沙湾人民智慧的结晶，也是沙湾的一张代表性名片。2019年6月18日，学校二年级的小朋友们背上行囊，穿越城市，探索家乡，当了一回小小美食体验家，寻味沙湾传统美食（图2-20）。

图2-20 "爱上沙湾·美食之旅"二年级研学实践活动

【任务一：水牛奶产出】

沙湾在清朝时期开始牧养水牛，所产的水牛奶品质好，成为闻名广州地区的"沙湾牛奶"。本次研学首先前往沙湾水牛养殖场，参观水牛的养殖情况及水牛奶的产出情况。

【任务二：水牛奶制品的加工】

水牛奶作为一种原材料，被沙湾人广泛用来制作各种各样的美食。孩子们参观了沙湾牛奶加工厂，了解了沙湾姜埋奶、沙湾姜糖、沙湾白饼的加工流程。

【任务三：美食寻访】

孩子们带着研学任务穿街走巷，按照制定的美食购买计划寻访美食，经历了一次味蕾的绽放之旅。

【任务四：美食推荐】

如果请你推荐一种美食，你会推荐什么呢？经过寻访美食，孩子们收获满满，产生了自己的想法和建议，纷纷录制了美食推荐小视频。

【任务五：美食闯关】

孩子们以小组为单位，前往沙湾古镇的西广场、留耕堂前广场、安宁广场等地进行美食闯关大赛。

关卡1：美食史记。小组成员依次回答透明人给出的美食历史相关问题，全员答对即闯关成功。

关卡2：美食地图。小组成员领取"沙湾美食"地图拼图碎片，小组在规定时间内完成拼图即闯关成功。

关卡3：美食辨别。小组成员蒙上双眼，分别猜出透明人所给的美食的名称即闯关成功。

关卡4：美食大全。小组进行美食版"你划我猜"，小组内的一位成员观看美食图片并比画，其他成员猜出美食名称即闯关成功。

关卡5：美食运送。小组成员领取美食，成功将美食从"危险地带"护送到终点即闯关成功。

【任务六：美食制作】

孩子们前往沙湾奶牛养殖场后，领取食材并尝试制作美食。

教育需要实践，成长需要体验，只有学生亲自去体验了，才能收获更多。研学结束后，孩子们还进行了分享和研学评价。

爱上沙湾·艺术之旅
——三年级研学实践活动

沙湾素有"中国民间艺术之乡""广东音乐之乡""飘色之乡""民间雕塑之乡"的美称。2019年6月17日，学校三年级学生在教师和家长义工的带领下，开展了题为"爱上沙湾·艺术之旅"的研学实践活动（图2-21）。同学们走进广东音乐厅、鳌山古庙、沙湾文体中心飘色馆，感受以广东音乐、沙湾飘色、壁画和灰塑为代表的沙湾传统艺术之美，还走进一物堂一起发现美、创造美，感受泥塑创作的魅力。

【任务一：寻找广东音乐之魂】

同学们在沙湾广东音乐馆认识了创作广东音乐的乐器——琵琶、笛子、高胡、五架头等，了解了广东音乐先驱何博众及"何氏三杰"的相关事迹，聆听了他们的代表曲目。

图2-21 "爱上沙湾·艺术之旅"三年级研学实践活动

【任务二：感受沙湾飘色之魅】

同学们在飘色馆知道了沙湾飘色由色柜、色梗、屏和飘四部分组成，了解了《仙女散花》《雨打芭蕉》《神雕侠侣》《水漫金山》等戏曲故事与民间传说。这些飘色故事中，有的反映了沙湾当地艺术特色，有的取自虚构故事。

【任务三：鉴赏建筑艺术之美】

沙湾的祠堂、庙宇在其山墙顶脊处和门楣上，皆饰以壁画或灰塑等艺术作品。同学们前往鳌山古庙，寻找古庙上的灰塑、砖雕以及壁画作品，其中著名的壁画《竹林七贤》就是出自紫坭村的清末岭南绘画大师杨瑞石之手。

【任务四：创作泥塑作品之趣】

最有趣的要数一物堂的DIY泥塑创作。在聆听泥塑教师讲解后，同学们发挥自己的想象力和创造力，有的捏龙舟，有的捏泥人，妙趣横生，经过一个多小时的手工捏制，都创作出了属于自己的泥塑作品。

【任务五：总结研学活动之获】

研学活动结束后，各班学生回到学校进行研学活动小结。各小组把活动中看到的、听到的、想到的记录下来,描画出来,大胆地与同学们进行分享与交流。

爱上沙湾,建筑之旅
——四年级研学实践活动

岭南建筑是岭南文化的精髓,兼具江南和西方建筑风格。番禺沙湾传统文化厚重而多元,其建筑有着明显的岭南特征。2019年6月10日,学校四年级学生在教师和家长义工的带领下,开展了题为"爱上沙湾·建筑之旅"的研学实践活动(图2-22)。

图2-22 "爱上沙湾·建筑之旅"四年级研学实践活动

蚝壳墙、镬耳屋是什么样子的呢?留耕堂的主要建筑材料是什么呢?宝墨园有什么布局特色呢?带着这些问题和《建筑魔法师》研学手册,我们出发啦!在研学活动开始前,我们根据研学须知合理分配了研学小组,并进行了课前预习,制定了研学线路。今天我们将要探访的研学地点有:留耕堂、何少霞故居、宝墨园。

【任务一:探究留耕堂的建筑特色】

同学们走进留耕堂,知道它是沙湾镇规模最大、历史最悠久的祠堂,承载着鲜明的岭南建筑特色。在建筑过程中,工匠选用石材作为柱础石,并配上精致的石雕;选用木材作为内木柱,并把木材制作成各式花样的斗拱、驼峰等,让人不得不赞叹古代劳动人民的智慧和勤劳。

【任务二:探究沙湾民居的建筑特色】

同学们走出楼房,走进何少霞故居,认识典型的岭南民居建筑——"三间两廊"。镬耳屋因墙体似镬耳,故被称为镬耳屋。

【任务三:认识蚝壳墙】

同学们在古镇内找到蚝壳墙,认真观察,轻轻触摸,还尝试着搭建"蚝壳塔"。同学们在古墙前认真观察,同时与教师、同学交流,并请教当地老人。

【任务四:探究宝墨园的建筑特色】

始建于清末的宝墨园是岭南园林中的杰出代表。园内曲折的"千象回廊"把各处建筑连接起来,形成了多空间的不同景观。同学们被极具岭南特色的宝墨园深深吸引住了,细细欣赏它的园林布局、造景手法和建筑装饰。

回到学校,孩子们马上拿出笔和纸,要跟老师、同学分享自己这次研学活动看到的、听到的和想到的一切。

"爱上沙湾"系列研学实践活动是一项基于真实环境的、通过主动式学习获得直接经验,且以体验为主的实践活动,同时也是一项让学生面向生活、扎根文化、实践探索的活动。文化是研学实践活动的灵魂,"爱上沙湾"系列研学实践活动旨在让学生认识和了解沙湾传统文化,探寻文化的根源,在实践中认识家乡、热爱家乡,激发学生参与传统文化传承与保护的积极性。自研学实践活动开展以来,我校充分调动了家长参与的积极性,组建研学实践家庭义工团队,让家长担任研学导师的角色,并带领孩子开展活动,完成研学任务;充分发挥了商会、企业等社会单位的作用,在时空上密切衔接、积极互补,形成以学校教育为主体、以社会教育为依托的教育格局,发挥教育的整体效应。丰富多彩的实践活动,"家校社"三位一体的通力合作,让"爱上沙湾"系列研学实践活动逐渐成为沙湾中心小学的品牌课程。该课程也获得了第一届广州市中小学研学实践教育课程一等奖。

二、跨学科项目学习

前文已探讨了跨学科项目学习和研学旅行的区别与联系,下面以广州市教育研究院研发的《小学综合实践活动·劳动》教材五年级(全一册)上册主题五《粤剧声声传万家》为例,谈谈如何实施跨学科项目学习课程。

我们并没有按部就班,而是先思考:作为广东省中小学中华优秀文化传承学校(戏曲),我们应如何让粤剧文化展现出永久魅力和时代风采?在教师们的集体讨论之下,我们决定结合主题内容,开展"基于深度教学理念下的粤剧文化跨学科项目式探索"。

首先,我们做了学情分析:

◇ 起点能力:

在跨学科学习方面,五年级的学生已经积累了一些主题活动探究、考察探究方法,能结合主题提出问题,能通过合作学习共同解决问题,会利用互联网等途径搜集和整理资料,也能做简单的手工劳动。但如何合理、规范地提出有价值的问题?如何更有效地利用信息化等学科工具收集整理资料?如何借助信息化工具形成课件成果?这些问题还需要教师进一步指导,以帮助其掌握基本的方法。

在粤剧文化认识方面,沙湾中心小学有粤剧社团,且学生们都观看过学校的粤剧社团展演,个别学生还参与了社团学习,学校也长期开设与粤剧相关的飘色劳动课程。学生对粤剧文化是有一定的了解的,但缺乏系统性的认知,需要更加熟悉粤剧的发展历程、粤剧行当化妆与服装的特点、粤剧欣赏的方法、粤剧与飘色的联系等。

◇ 学习风格:

在学习动力方面,五年级学生喜欢挑战自己感兴趣的问题,问题目标任务导向更明确,学生学习动力更强,会更主动地去寻找答案,也会发现问题并大胆地提出。这对学生能力发展有极大的帮助。

在学习策略方面,五年级学生善于利用已有的经验,通过联想等方法来解决问题。学生已初步具备数据分析和归纳总结的能力,但在方法运用方面仍不熟练,需要在实践中不断锻炼与提升。

其次,我们针对教材主题进行了分析。该主题涵盖了综合实践活动、劳动教育、信息技术、数学、美术、音乐、道德与法治等学科学习任务,强化了学科间的相互关联,让学生在真实情境中综合运用知识解决问题,提升探索实践和归纳总结的能力。据此,我们分析了该主题的学科核心素养目标(表2-11)。

表2-11 跨学科项目学习的学科核心素养目标分析

道德与法治学科素养	政治认同:热爱粤剧等中华优秀传统文化,进一步增强文化自信,激发热爱家乡、热爱伟大祖国的深厚情感。 道德修养:学习粤剧艺人爱岗敬业、奉献创新的精神,传承中华民族传统美德。 法治观念:树立版权意识,依法规范使用他人的知识产权。 健全人格:做到在合作中友爱互助,在交流展示中自信自强,在研学实践中不断成长。 责任意识:学习和宣讲粤剧文化,争当粤剧传承人
艺术课程核心素养	审美感知:了解粤剧艺术表演的特点,学会欣赏粤剧,提升审美情趣。 艺术表现:初步学习粤剧的基本步功及唱腔等基本功,体验粤剧表演的技巧。 创意实践:结合粤剧发展状况,为粤剧传承和发展提出建议。 文化理解:了解粤剧发展状况,领会粤剧对促进文化发展的贡献和价值

	续表
劳动课程核心素养	劳动观念：了解粤剧艺术家刻苦训练、任劳任怨的事迹，体会劳动创造美好生活的道理。 劳动能力：亲身体验粤剧服装穿着方法；学习制作粤剧行当脸谱；制作飘色造型，了解粤剧舞台设计；学习粤剧表演的基本技巧，促进设计能力、操作能力及团队合作能力的提高。 劳动习惯和品质：学会团结合作，共同解决研学任务；做到自觉自愿参与，吃苦耐劳。 劳动精神：学习粤剧艺术家们爱岗敬业、开拓创新、精益求精的精神
信息技术课程学科素养	信息意识：培养通过有效数字平台与资源解决问题的意愿，能合理利用信息真诚友善地进行表达。 计算思维：能运用信息技术方法解决问题。 数字化学习与创新：能借助数字化学习平台，开展探究性学习，创造性地解决问题，形成研究汇报成果。 信息社会责任：做到依法规范使用网络平台资源，负责任地共享信息和资源，尊重他人的知识产权
数学学科素养	会用数学的眼光观察现实世界：借助调查数据发现和提出有意义的数学问题，进行数学探究。能从平移、对称、旋转的角度欣赏粤剧人物的造型美和服装美。 会用数学的思维思考现实世界的问题：学会统计分析问卷调查数据；学会借助表格等工具归纳整理资料。能利用图形等比例放大和缩小的原理对粤剧人物造型进行设计和制作。 会用数学的语言表达现实世界：学会用数据反映调查现状，并结合数据分析情况，形成调查结论

根据以上分析，我们提出了主题的核心驱动问题：粤剧文化的魅力在哪里？如何做到"粤剧声声传万家"？其核心任务是弘扬粤剧文化，争当粤剧传承人。即宣传推广粤剧文化；组织开展校园项目学习成果展示宣讲活动，让更多的同学了解粤剧艺术文化；积极参与粤剧社团学习，争取参与各类演出和比赛活动。

接着，教师通过展开"头脑风暴"，最终确定了要争当"粤剧传承人"，需先"当好四个角色"：粤剧探究项目规划师、粤剧调查研究员、粤剧造型设计师、粤剧艺术鉴赏家，并根据这四个角色设计了相应的教学内容（图2-23）。

具体教学内容与学时安排：

第1课时："粤剧声声传万家（开题课）——我是项目规划师"。结合教材

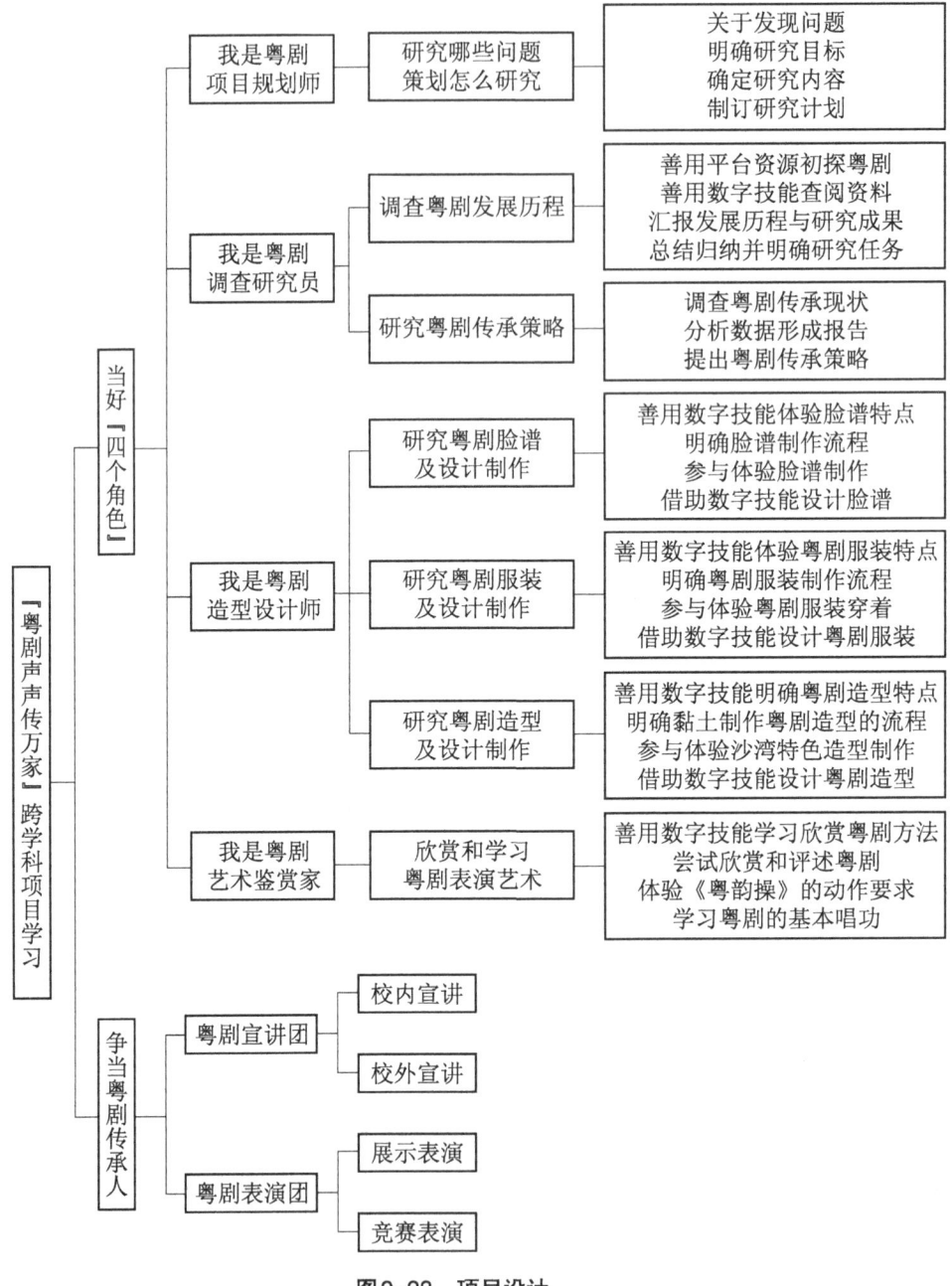

图2-23 项目设计

内容及生活实际，引导学生归类提炼出需要研究解决的问题并根据研究问题制定研学任务，明确研学路径，确定研学小组并制订研究方案。

第2课时："粤剧声声传万家（粤剧发展知多少）——我是调查研究员"。

指导学生根据方法搜集资料,并利用表格工具整理资料,了解粤剧发展历程及重要事件人物。

第3课时:"粤剧声声传万家(制作粤剧脸谱)——我是造型设计师"。从脸谱了解行当造型特点,学习通过脸谱辨识行当,学习动手制作行当脸谱,正确掌握绘画脸谱的方法。借助AI技术,创新设计粤剧行当造型。

第4课时:"粤剧声声传万家(粤剧服装穿着)——我是造型设计师"。借助信息技术,帮助学生从服装方面了解行当造型特点并通过AI换装游戏以及亲身体验男兵和女兵的粤剧造型服装穿着过程,掌握穿着技巧,了解粤剧造型与服装穿着的联系。

第5课时:"粤剧声声传万家(制作粤剧人物造型模型)——我是造型设计师"。从服装、脸谱认识粤剧人物造型,了解飘色与粤剧的联系,学习使用黏土制作穆桂英粤剧人物造型,鼓励学生结合飘色造型工艺特点制作成"凝固的粤剧舞台造型"。借助AI技术,创新设计飘色造型。

第6课时:"粤剧声声传万家(粤剧赏析方法指导)——我是粤剧鉴赏家"。结合对粤剧文化的了解,交流粤剧欣赏的角度。利用视频和微课的形式,引领学生从多个角度欣赏粤剧,培养审美情趣,使这一传统文化瑰宝得以薪火相传。

第7课时:"粤剧声声传万家(沙湾中心小学传承粤剧文化现状的调查)——我是调查研究员"。结合对粤剧文化的理解,借助问卷星等信息技术平台设计并发布问卷,收集并分析数据。

第8课时:"粤剧声声传万家(粤剧曲目欣赏)——我是粤剧传承人"。举办项目成果宣读会,"研究员"宣讲粤剧发展历程及现状,提出传承建议;"设计师"宣讲粤剧行当造型艺术特点,宣传推介粤剧舞台艺术;"鉴赏家"宣讲粤剧名曲名家,展现学习粤剧表演的初步成果,争当粤剧传承人。

接下来便是设计学习方案。以第5课时"粤剧声声传万家(制作粤剧人物造型模型)——我是造型设计师"为例,我们的学习方案是这样设计的。

【学习目标】

(1)学科学习目标:学习制作粤剧人物造型,感受中华优秀传统文化,增强文化自信。

(2)技术学习目标:借助微课、AI技术认识粤剧人物造型特点,初步掌握制作粤剧人物造型的方法。

(3)创意物化目标:了解粤剧人物造型特点,学会发现问题、提出问题,制作粤剧人物造型。

【学习任务】

学习用轻质黏土制作粤剧人物造型的模型,在实践中发现问题,解决问题。

【学习准备】

教学课件、制作粤剧人物模型的相关材料和工具。

【学习过程】

活动过程如表2-12所示。

表2-12 活动过程

学习任务	学习活动	技术赋能
任务1：激趣导入 生成主题	借助AI小游戏回顾，加深对粤剧行当的服装及脸谱的认知	1.媒体资源：利用AI小游戏，为游戏中的人物穿衣服、画脸谱。 2.设计意图：借助AI技术激趣导入，复习上一阶段的学习内容，同时也引入本节课的主题
	观看飘色《穆桂英招亲》，思考粤剧与飘色的联系	
	确定学习任务：用黏土制作《穆桂英招亲》中穆桂英的人物造型，鼓励合作效果好的小组完成飘色板块的黏土制作	
任务2：讲解说明 合作研学	看黏土制作微课，思考：制作穆桂英人物造型的步骤；要注意哪些制作细节	1.媒体资源：借助微课视频，帮助学生迅速了解制作人物造型的方法与过程。 2.设计意图：微课视频可以直观呈现出人物造型的制作过程；帮助学习，迅速了解制作方法
	了解并归纳人物造型的制作步骤	
任务3：方法指导 淬炼操作	小组合作研学，完成制作穆桂英人物造型。鼓励分工合作完成飘色板块的黏土制作	1.媒体资源：利用拍照投屏技术，展示学生作品。 2.设计意图：利用拍照投屏技术，学生可以直观看到不同小组创作的作品，以便于互相对作品进行点评
	在操作过程中借助拍照投屏技术直观展示学生作品，点评作品	
任务4：展示成果 榜样激励	小组代表展示成果。对标评价，主动提升。借助数字技术及时反馈学生的评价	1.媒体资源：借助数字技术，及时互评作品制作情况。 2.设计意图：展示交流环节能让学生更清晰飘色板块制作的要求及评价要点，提升劳动操作技能
任务5：拓展延伸 交流评价	借助飘色游戏——猜猜飘色板块名称，认识粤剧作品	1.媒体资源：飘色游戏。 2.设计意图：深入了解飘色与粤剧的联系，加强对粤剧舞台表演的认知

【学习评价】

学习评价如表2-13所示。

表2-13 学习评价表

评价内容	自评	同学评
1. 人物模型的服装、配色符合粤剧人物造型	（　）★	（　）★
2. 能制作小配件，丰富人物模型的细节	（　）★	（　）★
3. 人物模型大小适中，比例合适	（　）★	（　）★

【学习反思】

本课前期，学生已经对粤剧的发展、服装类型、粤剧行当进行过探究，但是学生对粤剧人物造型的研究还不够深入，未能深入感受不同角色造型设计的巧妙。在本节课的教学过程中，老师利用AI小游戏进行激趣导入，利用微课、视频等多媒体信息技术，引导学生初步了解制作粤剧人物造型的步骤。在小组合作过程中，让学生在比较、反思、归纳、动手实践、评价促学的过程中进一步了解和掌握制作粤剧人物造型的方法与技巧，从而提升动手能力，养成良好的劳动品质，也由此感受中华传统文化的魅力，进一步增强文化自信。

本项目以"当好四个角色，争当粤剧传承人"为研学目的，分为8个课时，包括探索粤剧发展和粤剧造型设计、粤剧欣赏、粤剧传承现状调查等研学活动。学生在真实的情景中动手动脑，解决跨学科的研学任务，体验粤剧造型特色，学习粤剧基本功和唱腔，深入探索解决粤剧文化发展与传承问题，在跨学科项目化学习中提升综合能力，培养文化自信。

第四节　活动育人，以美化人

一棵树、一朵花，需要雨露的滋养、阳光的照射才能茁壮成长，教育也如此。学习的世界是广阔的，知识是无边界的，我们要尽可能地给学生提供广阔的舞台，让他们在更大的空间里发挥才能、展现自我，在实践中体验人生、收获知识。学者殷世东认为，"基础教育阶段的育人方式须从'分科—文本—静听'转向'综合—实践—活动'，从'记忆—复制—验证'转向'体验—探究

—创新'"[1]。为此,"活动育人"是教育必不可少的手段。对于沙湾中心小学来说,艺术文化节和各社区实践活动就是学校为沙湾学子搭建的一个个实践舞台。

一、艺术节,为每个孩子搭建舞台

一所学校的艺术教育氛围的营造并不容易,一所农村乡镇小学的艺术教育氛围的营造则更不容易。我们努力为每一位师生搭建成长的舞台,让他们找到属于自己的一片空间,丰富多彩的校园生活,营造良好的艺术氛围。

从2000年开始,沙湾中心小学每年在3月至6月都会举办校园文化艺术节。活动内容包括音乐表演、美术展览两大类,从音乐会、舞蹈大赛到戏剧表演、美术展览,活动的多样性不仅满足了学生的不同兴趣、爱好,为学生提供了展示才华的平台,也激发了学生对艺术的热爱和创造力。在活动中,学生们纷纷彰显了自己的绝活,绘画、摄影、书法、手抄报等作品精美绝伦,歌曲、小品、相声、舞蹈、葫芦丝演奏等文艺节目丰富多彩。艺术节上师生的精彩表演赢得了大家热烈的掌声,也充分展示出学校教育事业取得的丰硕成果。教师与学生们共同分享快乐,放飞梦想。

(一)坚守初心:儿童中心、文化引领、成长目的

鼓励学生勇敢地站上舞台,用歌声、舞步、画笔展现自己的独特风采,为实现梦想出发,是我们举办校园艺术节的初心使命。在25年的艺术节实践过程中,学校逐渐摸索出了校园艺术节的三个关键:以儿童为中心、以文化为引领、以成长为目的。

以儿童为中心,即艺术节需保持儿童本真,让儿童站在舞台中央,不仅要沙湾学子全员参与学校的艺术盛宴,更要保持儿童视角,保持童真童趣,不要让艺术节蒙上不应有的功利、世俗的色彩。我们以儿童为中心,紧紧围绕着儿童的发展,希望让孩子们的童真、童趣在舞台上得到充分展现,"和乐童趣""童趣童乐 和美校园""和美童心向未来"引导学生追寻梦想,鼓励他们用艺术的方式表达对未来的憧憬和对生活的热爱。在这个过程中,学生学会了坚持和努力,明白了梦想的价值。就算是新冠疫情期间,我们也鼓励学生举办以"追梦童年"为主题的线上活动。

以文化为引领,是指保持学校本色,即艺术节需要扎根沙湾文化,体现学校"和美教研"校园文化。我们坚持传承弘扬本土文化,通过"岭南童趣""爱上沙湾""文化薪传 艺韵流芳",深入挖掘岭南文化的独特魅力,让学生在艺术创作中体验岭南的风土人情。通过绘画、音乐、戏剧等多种形式,

---

[1] 殷世东.综合实践活动育人方式的逻辑与课堂教学重构[J].教育科学研究,2021(11):6.

学生不仅学习了岭南的传统文化，更在创作中发挥了想象力和创造力。艺术节也是学校深化学校文化的途径。我们通过举办"缤纷十载""不忘初心和美同行——新建二十周年"，加深学生对学校发展的认知，提升对母校的情感，深化"和美教育"理念。通过"炫动和美""红棉花开""和美花开"等主题，使"和美教育"理念深入师生的心中。红棉花作为学校的校花，象征着学生的热情和活力。我们通过艺术活动让学生了解红棉花的寓意，鼓励他们像红棉花一样，勇敢地绽放自己的光彩。

以成长为目的，成长不仅是学生成长，还有教师成长和学校发展。艺术节是孩子表演艺术的舞台，从第五届的主题"展我风采"到第六至第九届的"飞越梦想，展我风采"，我们是想让学生知道，每一次站在舞台上，不仅是一次艺术的展示，更是一次自信心的培养，是对自己毅力的挑战。学生在准备和表演的过程中学会了自我表达和团队合作，增强了解决问题和应对挑战的能力。又如，第二十五届"美在中心，美在心中"，我们强调"美是纯洁道德、丰富精神的重要源泉"，鼓励学生在生活中发现美、创造美、传播美。我们相信，艺术教育能够激发学生的潜能，帮助他们成为有创造力、有责任感、有爱心的人。艺术节也是教师展示特长的舞台，经过多年的艺术节系列活动，教师们的艺术素养也在潜移默化中不断提升。比如，他们创编课本剧，将文学与艺术相结合，让学生在表演中学习知识，感受艺术的力量。还有的老师将业余的兴趣融入艺术节的创编中，李蓉老师就是一位这样的代表。出于对传统文化和传统美学的热爱，李蓉老师特别喜爱做发簪，是学校"盘发"劳动（乐玩）选修课程的主教老师。为了把汉民族的发型发饰、传统服装搬上舞台，让所有的老师和同学都了解汉服文化之美，把汉服文化传扬出去，李蓉老师想到利用艺术节这个大舞台，宣传和弘扬这宝贵的传统文化。通过大量查阅和学习各朝代的传统服饰文化、传统礼仪动作，李蓉老师采买了37套不同的汉服，为学生们设计出18种不同的汉唐发型，选买了几十件的大小配件，编导出《汉唐盛宴》汉服国风走秀节目。经过精心打扮和长时间的排练，学生演员们都像是从古代画卷里走出来的人物，大家都为自己民族有这样精美的服饰而感到骄傲。

2024年的第二十五届校园艺术节主题为"美在中心，美在心中"，我们将校级会演节目编排为三个篇章：《理想篇》，我们模拟"和和美美上学啦"（新生入学）情境，在校长发出"做到'和而不同，各美其美'，做到'求真向善，谦和至美'，人人争当有理想、有本领、有担当的时代新人"的号召下，学生用朗诵和舞蹈立下《少年志》，让梦想成为前行的强大力量；《本领篇》，学生以歌舞《春晓》《悯农》《朋自远方》表达对真善美的追求，以舞龙舞狮、表演粤剧、舞鱼灯弘扬传统文化，以啦啦操、击剑等展现专项技能，《孩子的天空》就是要全面发展，就是要让《这场青春值得骄傲》；《担当篇》，学生用歌舞《是妈妈是孩子》《是老师是学生》、合唱《一想到你呀》感恩父母和教师的爱，以舞蹈《童年如歌》《美好时光》诉说着珍爱童年，做到敢于担当、敢于拼搏。

学校在25年的时间里，做到了空间舞台不断搬迁升级，活动内容形式不断突破创新，参与人员从少数学生到全体学生，甚至开展了"艺术嘉年华"开放日活动，邀请学生家长也参与其中，实现全员参与、全领域展示。

（二）搭建舞台：让孩子站在最中央

2000年的春天，学校体育馆内的一块水泥地面被简单地布置成了舞台。美术老师冯耀堂手写的红色横幅"第一届艺术节"高高挂起，虽然简陋，却满载着对孩子们的期许和祝福。学生们用桌椅搭建起临时的音箱台，扬声器播放出来的音乐响彻整个体育馆，虽然回音不断，但孩子们的表演热情却丝毫未减。这个在现在看来很"简陋"的舞台，却成了孩子们勇敢展示自己的起点。舞台上，孩子们精彩不断；舞台下，教师、家长和同学掌声不断，将体育馆内的氛围一次次推向高潮（图2-24）。

图2-24 第一届校园文化艺术节

有了第一届艺术节的尝试，看到孩子们眼底那份热切的光，我们大受鼓舞。为了不辜负孩子们的表演，我们一直在努力改善和优化舞台条件。于是，2001年的第二届艺术节，我们租用了沙坑村礼堂作为艺术节的表演舞台（图2-25）。舞台上，老师们亲手制作的黄色背景板，贴上了打印出来再描上颜色的"沙湾中心小学第二届艺术节"字样，舞台上端还有几盏灯照亮着舞台。然而，礼堂的音响设备不足，大家又是借道具，又是搬音响，才将舞台搭建起来。

图2-25　第二届校园文化艺术节

这样简单的舞台，已是当年全校师生倾尽全力、亲力搭建的最好的舞台。对艺术的热爱、对表演的期待，让大家都格外珍惜表演机会，孩子们也都沉浸在自己的表演中，全情投入。偌大的礼堂坐满了前来观看的家长和乡村居民，欢乐的氛围洋溢在整个大礼堂中。舞台正中央的白墙上富有年代感的"为人民服务"也熠熠生辉。

接下来的第三届艺术节（图2-26）和第四届艺术节，我们租用了新落成的沙湾广场的露天舞台。为了让第三届艺术节上的重头戏《奶香飘万家》有更好的舞台效果，学校还安排老师到文德路购买"芭蕉树、向日葵"等道具，一众男教师成了"道具组骨干"。道具组还特地制作了一个硕大的碗，为配合表演还需要一名男教师在碗内托举小演员。这些挥汗如雨、忙得热火朝天的身影也成了孩子们成长道路上最美的风景。露天表演不免会有日晒雨淋，但这些却都没有妨碍孩子们对舞台的渴求，登台表演的欲望在登上舞台的那一刻变成淋漓尽致的表演，他们散发出的魅力甚至吸引了不少家长以外的观众驻足观赏。《奶香飘万家》也成为学校的经典曲目，不仅拿下当年"番禺区第四届'明天琴行杯'学校舞蹈大赛"一等奖，还作为特色表演节目不断在各地表演。高频度的演出，甚至使木制的大碗不堪奔波与重负而开裂。为了能够继续表演，学校后来不得不制作了钢制的大碗。在往后的表演岁月里，这大碗陪伴着沙湾中心小学的小演员和老师们走过了灿烂的艺术之旅，也成为师生心目中难忘的印记。

图2-26　第三届校园文化艺术节

2005年，沙湾镇文化中心大剧院的建成，为我们提供了一个更加专业的表演环境。为了增加艺术节的氛围，学校让木工用木板做成鱼刺状，刷上亮丽的红色，上面用霓虹灯做成闪亮的"飞越梦想，展我风采"主题字样，木板周边还安装了几个灯泡（图2-27）。微光虽弱，却照亮了舞台，让孩子们仿佛置身于一个梦幻的世界，也让孩子们的表演更加耀眼夺目。

图2-27　第六届校园文化艺术节

受限于乡镇学校的条件，沙湾中心小学一直没有属于自己的舞台，只能借助沙湾镇或社区的礼堂、广场、剧院等场地进行表演。2012年，学校耗费6000元购买了一个约150平方米的二手铁架木板舞台。虽然只是临时搭建，但孩子们的艺术节终于有了自己的舞台。家长、学生、教师的全员参与，让艺成为连接每个人的纽带。孩子们在舞台上尽情展示自己的才艺,感受艺术节带来的快乐与自豪。

2014年底,学校拆除原电教室的附房,建起了一个小舞台。这个属于孩子们自己的舞台,让他们能更好地亲近艺术、感受艺术。2016年增加的LED电子屏幕更是为孩子们的表演增添了无限可能(图2-28),让他们可以在舞台上尽情展现自己的才华,用艺术表达内心的情感与梦想。

图2-28 第十七届校园文化艺术节

到了2018年,第十九届校园艺术节(图2-29)在学校操场盛大开幕。我们搭建起了历届以来最大的舞台——一个200平方米的空间,巨大的LED屏幕、璀璨的灯光为孩子们提供了一个展示自我的广阔舞台。孩子们在这个舞台上尽情地歌唱、跳舞、演奏,他们的才华和热情感染了在场的每一个人。

然而,2020年的春天,突如其来的新冠疫情打乱了我们所有的计划。面对挑战,我们并没有放弃艺术教育的初衷。我们迅速调整思路,将艺术节搬到了线上,让孩子们在家中也可以通过网络平台展示自己的才艺,如唱歌、跳舞、讲故事……他们的创造力和表现力在线上舞台得到了充分的展现。

回顾这一系列的舞台搭建历程,我们深刻体会到艺术教育的重要性。无论是简陋的体育馆还是专业的大剧院,或是家中的线上舞台,重要的是为孩子们提供一个展示自我、表达情感、激发创造力的平台。在这个过程中,孩子们学会了合作、坚持和创新,这些都是他们成长道路上宝贵的财富。未来,我们将继续为孩子们搭建更多更好的舞台,让他们在艺术的道路上越走越远。

图2-29 第十九届校园文化艺术节

回顾走过了二十五届的沙湾中心小学艺术节,回看在不同时期搭建的不同舞台,正是这些舞台,使"广东音乐之乡""飘色之乡"的沙湾古镇里和沙湾中心小学这所乡镇小学,多了些喜欢艺术、欣赏艺术的人,多了些学习艺术、会表演的人。

(三)形式突破:艺术节属于每一个沙湾的孩子

随着舞台的变化,我们也在思索舞台的背后更深刻的内在意蕴。纵观中国中小学校园艺术节的发展史,我们可以清晰地看到:从最初的文艺会演,到后来的才艺展示,再到如今涵盖了视觉艺术、表演艺术、设计艺术等多个领域的综合性艺术盛会,校园艺术节经历了从简单到复杂、从单一到多元的发展历程。

当带着问题不断反思和探索的时候,我们发现,当把艺术节作为艺术赛事或节目会演时,这些节目只有部分学生参与,节目编排也是由教师和家长主导的,存在节目过度选拔等问题,造成艺术节只是少部分学生的"盛宴"、大部分学生只是看客的局面。

沙湾中心小学的艺术节一开始也是以年级选拔和精品节目文艺会演的形式进行的,比如,学生所喜爱的项目多为音乐表演类和美术类项目。音乐表演类的项目在5月初就要进行初赛,一般以年级为单位,分语言、歌唱、舞蹈和器乐四大类别进行选拔。学校安排音乐科组的教师利用课余时间对选出的优秀节目进行指导，最后根据需要，选出15个精品节目参加文艺会演。艺术节在每学年的第二学期，一般是在3月至6月举行，活动历时4个月，全校师生都参与其中。一开学，全体师生便参与到艺术节项目的选择当中。节目定好后，大家会利用1个月左右的时间为所选择的项目进行创作和准备工作。

而美术类的项目一般是在5月中旬进行选拔，项目内容也在不断拓展和丰富。从最初只有墙报、书法、绘画和摄影四个项目，到后来和各个学科相结合，如与科学学科合作增加科技小制作项目比赛、与语文学科一起开展读书卡制作活动等，让学生总能找到自己所擅长的项目，从而积极参加活动、参与展示。美术类项目每一届还会有一个主题，如"绿色校园，你我创造""我们只有一个地球""我与节庆民俗""加油奥运，助威中国""我与岭南文化""我与非物质文化""垃圾分类我能行""我的梦 中国梦"等，各个项目的设计与创作均围绕相关主题进行。

随着艺术节的项目内容不断拓展、丰富，参与的学生越来越多，学校意识到，艺术不应是部分有天赋或有兴趣的学生的专利，而应是所有学生的成长伙伴；艺术节亦不是少部分学生的"福利"，而应是全校学生的"盛宴"。

为了让更多的学生参与到舞台表演中来，从第十届起，我们开始以"海选"的形式推动学生自主报名，勇敢地站在节目竞选的行列中，接受教师的检阅和挑选。此后，学校从第十六届艺术节开始，正式取消了为选拔节目而开展的"小荷风采"系列单项赛事，转由各个年级承办自己年级的艺术节会演。

在这之前，"小荷风采"系列单项赛事选拔节目的形式，在很大程度上收窄了我们的选材范围，也局限了学生的参与范围。由此，经由学校领导和音乐科组商定，从第十六届开始，由每个年级承办级部艺术节会演，即每个年级利用一个下午举办一台文艺会演，邀请全年级的学生和家长一同观看。这样，每个班都能有2个以上的节目参与到其中，各班的积极性和主动性也被充分调动起来，集体节目、个别小团体节目逐渐涌现。一些平时不显山不露水的孩子，在活动中也充分展示了他们的表演天赋；而能力比较强的孩子会主动承担起节目的排练工作，他们会利用课余时间、利用学校"春夏秋冬"四个角落进行排练，甚至还会主动跟老师申请使用功能场室训练。在排练中，孩子们的组织能力、协调能力、交往能力等都会得到很大的锻炼。有许多家长主动协助工作，帮忙化妆、租服装、制作道具、协助彩排等，甚至还有家长与学生一同登台表演，其乐融融。

级部会演是真正意义上全面铺开的校园文化艺术节，真正做到了"人人参与，快乐过节"。

此外，如何保证艺术节的持续性和创新性，避免活动陷入形式化和重复化，也是学校在艺术节发展中需要克服的难题。比如，为了让更多的学生有机会在舞台上得到锻炼，我们采取整合串烧同类节目内容的方式，将级部会演中最精彩的部分呈现给观众；我们将整台晚会节目编排成舞台剧式的连贯性内容，使晚会节目形成一个整体，以模拟真实的情境，让学生在参与中体验艺术的魅力。

（四）打破围墙："艺术嘉年华"开放日

校园文化艺术节是学校加强家校联动与合作的重要举措之一。学校在校园内营造亲子同乐的环境，让家长共同参与艺术活动，激发家长对艺术教育的热爱与重视，也为学校、家长、学生提供愉悦沟通的机会。每年的校园文化艺术节都会举办"艺术嘉年华"开放日活动，邀请家长和学生共同参与。开放日有两大重头戏，分别是美术类活动和文艺会演。

美术类活动分为作品展览、现场展示与项目体验三大区域。其中项目体验区是学生和家长同乐的地方，各班学生和家长代表可以合作绘制长卷作品，还可以参与亲子体验美术创作，现场更是设置了版画、砂纸画、小油画、刮纸画、彩沙画、画脸谱等项目供学生与家长一同完成。

文艺会演是整个校园文化艺术节的尾声，也是最为精彩的部分，全体学生4个月以来的努力将在文艺会演的舞台上展现。每年的文艺会演都有合唱、舞蹈、小品等丰富的节目，不少节目还是家长与学生同台表演。例如，2021年举办的主题为"爱上沙湾"的第二十二届艺术节文艺会演，在四年级专场（图2-30）上，会演节目达15个，内容形式多样、精彩纷呈，其中有舞蹈、乐器、小品情景剧、朗诵、合唱等。一个个节目，引人入胜、惊喜连连，博得了观众

图2-30　第二十二届艺术节文艺会演四年级专场

的阵阵掌声。

校园艺术节是一个充满活力和创意的盛会,它不仅为学生提供了一个展示自己才华的平台,还通过各种互动环节让学生更深入地了解艺术、感受艺术的魅力。这样的艺术节既能够丰富学生的校园文化生活,也能够培养学生的艺术素养和审美能力,为他们的全面发展打下坚实的基础。这一活动不仅有助于增强学生的自信心和表达能力,还能够增强学生的团队合作精神和集体荣誉感。在准备节目的过程中,学生之间需要相互协作、互相帮助,共同为节目的成功而努力。这种团队合作精神不仅能够在艺术表演中得到体现,也能够在日常生活中得到应用和发扬。

可以说,一年一度的校园文化艺术节是学生放飞艺术梦想的舞台,不少学生在这里实现了艺术梦想,展示了艺术才华。这是学生每年最期盼的活动,每个学生都可以选择自己喜欢的项目参与其中;这是传播校园文化与展示艺术教育成果的重要途径,每年的校园文化艺术节就是一次"和美"成果的汇报。

二、社会实践,用双手创造美

学校注重学生实践能力的培养,坚持"舞台讲台结合,课内课外结合,校内校外结合"特色培养模式。校内舞台是学生互相交流、展示学校成果的地方,而校外舞台则是校内教育的延伸和拓展,是提升学生美育的空间,给予学生更大挑战的机会。小鸟要学会飞翔,不能只待在笼子里,只有飞出笼子,去面对和克服更大的困难,才能真正在空中翱翔。当做到了校内外协同育人时,实践活动才能发挥更深刻的作用。

(一)举办展示活动

以学校蒲公英版画社为例,社团每学期末都会在学校举办社团优秀作品汇报展,展出本学期社团成员创作的优秀作品,有时还会根据学校不同活动的需求,举办专题类的作品展览。此外,学校在沙湾文化中心、沙湾古镇、番禺博物馆举办过专场版画作品展,也受邀在西安、长沙、广州等地与其他单位联合举办过作品展览,如西安"早根青青——蒲公英行动"少儿美术作品邀请展、长沙后湖国际艺术区展览等。除了版画社团,学校美术科组结合学校每月的主题活动,在学校的艺术长廊展示学生的书画作品、节日手抄报、摄影作品、书法作品等。走进沙湾中心小学,美就在身边。

此外,学校还接待过沙湾镇万翔学校的学生。香港及内地其他学校的师生,以及新加坡等国外学校的师生也到我校体验过版画制作,并与版画社团成员交流分享。

（二）参与社会活动

学校艺术教育取得了一定的成绩，得到了社会认可，相关人员也经常受邀参与一些社会活动。

一是节日活动。每年新年，音乐组会举办一场新年音乐会，家长与学生一起参加。例如，2013年新年，学校艺术社团到社区举行"香柏之声"新年音乐会，受到居民的热烈欢迎；每年的敬老节，学校艺术队还会到镇敬老中心为老人演出。版画社团也会在沙湾古镇安宁广场进行爱心义卖，为镇弱势群体筹集资金。还有古镇每年的元宵活动，学校的民乐社团、舞蹈社团、鱼灯队都参加过助兴演出，深得群众喜爱。

二是沙湾文化特色活动。每次区级举办"'非遗'进校园活动"，学校都积极组织学生参与，并且承办活动。学校曾参加过沙湾镇爱心义卖活动、沙湾镇创意集市活动、沙湾民间艺术展示活动、沙湾镇学校特色项目展示活动、番禺区非遗进校园活动、番禺区优秀社团展示活动、中国民间艺术活动、寻找禺山的记忆活动、番禺区娃娃妙会、区"星海回家"大型公益活动等一系列社会活动。每年参加沙湾文体中心举办的艺术节文艺会演，也成为沙湾学生最期盼的美事。

三是馆院交流活动。版画社团、合唱队、舞蹈社团、民乐社团等经常参与馆际活动，例如，沙湾广东音乐馆成立之时，学校古筝社团、民乐社团进行专场演出。学校在番禺博物馆举办过2次专题版画展，合唱队与民乐团多次在沙湾古镇参与公益展演。

在学校组织的社区活动、课外实践活动中，沙湾学子的表现得到了大家的交口称赞。有时候，沙湾学子还把在校园里的所学、所见、所感撰写成文字，通过报章发表，唱响他们心中的"和美"赞歌。

沙湾中心小学在沙湾古镇举行创意集市活动

沙湾中心小学多次组织社团成员到著名旅游景点沙湾古镇举行创意集市活动，活动除现场展示学生的版画、油画、剪纸等作品外，还设有现场制作、作品销售、游客体验等环节。比如，蒲公英版画社的同学们现场制作版画（图2-31），向游客介绍版画题材中的乡土元素，让游客更了解沙湾文化，并将作品进行现场销售，收益作公益活动之用；雏菊纸艺社的同学们现场剪纸，还手把手教现场游客进行剪纸创作，传递艺术之美。每次创意集市活动都会吸引不少游客驻足观看并参与体验活动，很好地宣传了沙湾文化，传递了沙湾中心小学的"和美教育"理念。

图2-31 学生在创意集市中制作版画

2014年12月29日,沙湾中心小学校园记者新月(化名)、亿艺(化名)两位同学撰写的报道《和美教育让学生快乐成长》刊登在当日的《番禺日报》上。

(三)参加比赛活动

相比于校内比赛,校外比赛通常更具挑战性,学生面对的是来自各个学校的优秀人才,这十分考验学生的心理素质和综合能力。无论结果如何,学生经历的比赛过程是人生的宝贵经验。通过校外比赛,学生锻炼了自己解决问题的能力,培养了艺术创新思维和应变能力,也更加懂得了如何调整心态。

一次比赛改变了我

我叫张妍(化名),从四年级开始就加入了学校的版画社团,学习版画有三年时间了。我已掌握了吹塑纸版画、木版画、石膏版画、综合版画和绝版套色版画等多种版画技法,创作出了很多优秀版画作品,作品入选过全国的展览,并在学校与同学举办了四人版画联展。这些成绩的取得,与我参加了一次番禺区现场书画大赛是分不开的。

当初加入版画社团时,我是一个比较胆小、不善于表现自我的学生。我比较听老师的话,但做事有点粗心大意。有一次,老师说有一个番禺区的千人现场书画大赛,由于名额有限,要在版画社团选拔5位同学去参赛。考核的内容是用两天时间创作一幅"我喜爱的动物"木刻黑白版画初稿。对于这次选拔,我是没有信心的,毕竟在版画社团里我的水平一般。但我很想参加这次比赛,想见识一下,开阔眼界,于是我非常用心地创作了画稿,等待结果是一件很煎熬的事。最终，我入选了参赛的名单，可以代表学校参加区里的比赛，我非常高兴。

为了取得优异的成绩，老师除了在正常的训练时间辅导我们，还会在每天下午放学后对我们进行集中特训。老师说："因为这次是现场比赛，我们的版画作品必须是在现场进行刻板和印刷，所以我们一定要把握好时间，认真处理每一个细节，不能马虎，做版画就得严谨、细心。"我把老师的话一直记在心里。比赛当天（图2-32），场面非常震撼，1000多人同场竞技，热闹非凡。我很荣幸能参加这次比赛，它带给了我不一样的感受，让我有所感悟，收获了成长。我制作的是石膏版画，由于材料特殊，画面视觉冲击力强，最终获得了一等奖。

图2-32　比赛现场

这次比赛是我小学阶段难忘的一段经历，它大大地鼓励了我日后的学习与创作，更重要的是改变了我做事的心态。现在我每做一件事情都以做版画的严谨态度去对待，它真的影响了我的一生。

经过这次比赛，带队的教师点评说："张同学是一位悟性很高的学生，人比较聪明，就是做事有点粗心。经过这次的现场赛，她做事的态度的确改变了很多，更重要的是她对版画的创作有了自己的理解，画面中常常融入自己的思想，她的眼界高了，胆子大了，心也细了。"在后来的创作中，张同学的创造欲被无限激发，创造出了不少优秀的作品，其作品还在广州与"羊城九老"同场展出。

第三章

各美其美，百花争放

> 著名学者米尔曾说："世界上所有美好的事物都是创造力的果实。"蒲公英版画社希望每一个孩子都像蒲公英一样自由坚强，从容地展现自己健康、饱满、灿烂、向上和自信的人格；更要像蒲公英一样，带着梦想，张开翅膀，随风而行，去寻找自己开花的地方。这也是沙湾中心小学创建多个社团的共同愿景，是学校艺术教育的美好愿望。

第一节 "社"彩缤纷，"团"花簇锦

在人们的传统思维中，社团会耗费学生大量的时间和精力，导致学生无法集中精神学习，会"影响学业""耽误正事"。然而，随着"第二课堂"的不断革新和"双减"政策的推动，学生社团的内容更加丰富，逐渐成为辅助主科学习的实践渠道。在跨学科学习、项目式学习等方式下，学生社团有助于学生进行深度学习。正常的、科学的社团活动不仅不会影响学生的学业，还可以帮助学生缓解学习压力、开阔眼界。

在校园文化体系中，学生社团是重要的组成部分，它是推进学校"第二课堂"素质教育、繁荣校园文化的重要载体。在"和美教育"理念的引领下，沙湾中心小学为学生打造了"和乐共进，多元展美"的"和乐"社团体系，让学生在课堂学习和社团活动中知行合一、挖掘潜能。作为校园精神文明建设的生力军，社团正呈现出生机勃勃的景象，成为沙湾中心小学艺术教育中最亮丽的风景线。

一、社团组建：多元+个性，满足学生需求

目前，沙湾中心小学组建了包括体育类、艺术类、文学类、科技类在内的近30个社团，其中有蒲公英版画社、小百灵合唱团、蹬噔舞蹈社、民乐社团、

书法社团、拉丁舞社团、古筝社团、粤剧社团等。

学生社团实践活动是指具有共同志趣、共同爱好的学生自愿组成一个团体，按照要求有组织地开展研究性学习、社会实践与社区服务，以增长知识、培养能力、发挥特长为主要目的的一种活动形式。小学社团实践活动是小学课堂教学的延伸和拓展，能有效地弥补现行小学课堂教学对学生全面素质培养方面的不足，在拓宽学生的知识面、增强学生的团队合作精神、提高学生的人际交往能力、促进学生的全面发展等方面有着积极的推动作用。

随着"和美"理念在学校各个环节的深入和深化，学校更加注重学生的个性发展，重视如何更好地发挥社团活动对学生身心健康成长的积极作用。可是，小学生年龄小，自主能力相对较弱，如何开展好社团活动，真正达到培养学生能力、提升学校和美文化内涵的目的，是学校教师思考的首要问题。

一般小学社团的组建以体艺特长为主，沙湾中心小学一开始也是如此。借助学校已经培育成熟、积累了丰富经验的"大体育课"和"大艺术课"，学校成立了蒲公英版画社、小百灵合唱团、乒乓球社团、篮球社团等体艺社团。

随着社团活动的不断发展，现有的社团活动渐渐不能完全满足学生的需求，兴趣不同、爱好各异的学生渴望能有更多更适合自己的社团活动。学校教师进行了新一轮的思考和讨论，大家认为，学生是教育的主体，组建什么社团，要落脚到适不适合学生这个问题上。社团活动不是简单的"第二课堂"，更不是增加一节课加重学生的学习负担，它应该遵循小学生爱玩、好动的天性，满足他们的个性化需求，倡导社团成员在活动中共同学习和体验。即社团活动应该是对学校已有基础型课程的有益补充。

想到就要做到。学校开始尝试向学生征集意见，在每学年结束前向学生发出征集新社团的意见通知。采集学生的意见后，学校召集相关教师针对学生的年龄及心理特点、师资力量配备、学校场所使用情况等，讨论新社团开设的可行性。近年来，学校陆续开办了足球社团、粤剧社团、象棋社团等兴趣社团，增设了拉丁舞社团、古筝社团、民乐社团（图3-1）、街舞社团等。学校在艺术师资还不充分的情况下，通过聘请校外的艺术教师，以合作的形式，为学生提供更广阔的艺术空间。每一年的艺术节，

图3-1　民乐社团

所有的社团都能在各自的舞台上进行艺术才能展示。

二、社团管理：课堂普及+比赛提升，学生梯队成长

新社团越来越多，摆在学校面前的便是怎样合理管理社团的问题。经过不断探索，沙湾中心小学在社团建设方面，通过"课堂普及"（如开展体育选项教学课及艺术选项教学课等）与"比赛提升"（如举办专项比赛、艺术嘉年华等）两个途径，为社团的可持续发展奠定了良好的基础。

在社团管理上，学校按照"低年段打基础、选出苗子，中、高年段出成绩"的社团管理策略，加强梯队建设，培养学生兴趣，发现好苗子，强化社团建设；班级"树立典型，搭建舞台"，带动学生开展训练活动（图3-2）。

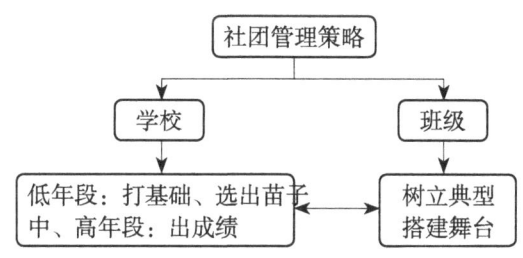

图3-2 社团管理策略

在社团文化方面，学校在沙湾民俗文化校本课程中积累了丰富的素材和实践经验，结合"和美教育"理念的需求，学校走出了发掘资源打造社团优势的特色之路，把沙湾民俗文化渗入社团活动中。比如，蒲公英版画社发掘沙湾乡土文化，创作了"沙湾文化版画系列作品"；小百灵合唱团发掘岭南文化内涵，改编了《落雨大》等童谣作品。

"让每个学生都能拥有一门体艺特长"，学校以此为特色制定目标，致力于为学生开办符合其需求的特色社团，鼓励各社团精心组织培训活动，举办多元化、具有创意的文化艺术课程，发展阶梯式特色队伍，积极开展校园艺术节活动。各社团定期举办全校性的比赛及展览活动，为学生提供创意空间，陶冶学生的体艺情操，丰富学生的校园生活，培养有个性的人才，在校园内形成"和乐共进"的社团活动氛围，让每个学生都能通过社团活动实现"多元展美"。经过不断的努力和探索，沙湾中心小学的特色社团体系已初步形成，学校的各社团都分别编写了社团手册，建立了健全的社团活动章程，使社团建设得到良好的持续发展。

不同的社团犹如一朵朵美丽的花，它们灿烂地开放着，美得各有特色，点

缀着"和美"校园。学校通过建设外部多元化、内部和睦化的社团文化,激励学生在团结协作中快乐学习。学生既能够互相欣赏、互相学习、彼此包容,又可以提升技能,参与竞争,在展现最好、最美的自己的过程中共同进步。丰富多彩的社团活动使学生的校园生活变得有滋有味。

第二节 小小蒲公英,有"版"有眼

沙湾小档案

蒲公英版画社

版画兴趣小组成立于2005年3月,2008年9月正式更名为"蒲公英版画社"。现有成员64人,社团成立至今已有500多人参加过社团训练,成为"蒲公英版画社"成员。社徽如图3-3所示。

社团口号:体验版画乐趣,推广版画艺术

社团教学:版画社在冯耀堂老师和赖国华老师的指导下,通过常规训练、举办展览、外出观展、参加比赛、名家指导、社会实践、交流学习等各种形式开展活动,让学生全方位地体验版画创作的乐趣。学校自编了《寻味版画》《乡土版痕》《创意版画》等校本学材,使版画教学更科学、系统、高效。依托沙湾镇深厚的历史文化底蕴,把沙湾本土文化融入版画创作是学校在版画艺术实践中一直坚守的特色。

图3-3 蒲公英版画社社徽

一、以梦为壤,撒播美的种子

版画是指以刀或化学药品等在木、石、麻胶、铜、锌等版面上雕刻或蚀刻后印刷出来的艺术作品。儿童版画是专为儿童设计的一种独特的艺术形式。通过在木、纸、布等材料上运用刻画、涂色、拓印等技巧,儿童可以创作出充满童趣和创意的作品。在创作过程中,学生需要发挥想象力,运用不同的绘画技巧和表现手法。通过刻画、涂色、拓印等步骤,学生可以锻炼动手能力、观察力和创造力，提高审美水平。版画综合了绘画、制版、印制三方面的内容，又以自然、简洁、朴实、雅拙的美对学生进行熏陶。儿童版画教育早已得到世界各国儿童美术教育家的重视，我国也在1990年开始实施的全日制中小学美术教学大纲中增设了版画课。

沙湾中心小学于2005年成立蒲公英版画社，旨在让更多学生在社团活动中认识和热爱版画艺术，从而丰富学生的生活，拓宽学生的视野，完善学生的人格，促进学生全面、持续、和谐发展。

为什么选版画？作为版画社创始人之一的赖国华老师回忆，与版画结缘，缘起于2005年的"广州市中小学民族民间艺术特色年"专项比赛。当时冯耀堂老师问："赖老师，我们以什么项目参加？"赖老师回答："版画吧，版画容易出效果。"就这样，两位老师确定了以版画作为学校的参赛项目，并在这次比赛中一举获得了"优胜学校"称号。至此，师生信心大增。在专家的指导下，最终我们决定以"版画教学与乡土文化"作为切入点展开研究，坚定地走版画教学特色之路。图3-4所示为学生正在进行版画练习。

图3-4　学生正在进行版画练习

在教师看来，版画与其他美术形式相比，确实有一些独特之处。首先，版画是一种间接绘画，需要通过绘画、制版、印制才能完成作品，这使得版画具有独特的质感和表现力。其次，版画具有可复制性，可以制作出多个相同的作品，这也使得版画在表现力和传播力上具有独特的优势。

对于学生来说,版画可以带给他们多种体验。首先,从选择材料到制版、再到最后印制,都需要学生亲自动手,这可以锻炼他们的动手能力和协调能力。其次,版画是一种需要耐心和精细操作的绘画形式,可以培养学生的耐心和细心。此外,版画强调创意思维和个性表达,可以激发学生的想象力和创造力。正像社团成员洁怡(化名)同学所说的:

版画就如同人生不能重来一刀下去,板子就会留下痕迹,就像我们所走过的路留下的痕迹一样。放刀直干,如同人生就应该潇洒,每一刀下去都会呈现不一样的肌理与形状,人生的每一步选择也都会造成不一样的结果,充满未知。

画画拓宽了我的眼界,也让我更热爱我的生活。初升的太阳、街道上的霓虹灯、清晨的露珠,都让我觉得自己被爱意和浪漫包围。因为画画,我觉得生活的点点滴滴都变得可爱了起来。

版画不只是一种艺术形式,更激发了我们对生活的热情,培养了我们的耐心,意义非凡,我也希望更多的小朋友能够感受到版画的魅力。

用"蒲公英"作为版画社的名字一经提出便得到多数教师的认可。"把版画艺术带入校园、带进课堂,让每一位学生掌握一种版画技能。"教师们希望每一个学生都像蒲公英一样自由坚强,从容地展现自己健康、饱满、灿烂、向上和自信的人格;更要像蒲公英一样,带着梦想,张开翅膀,随风而行,去寻找自己开花的地方。

蒲公英版画社虽然人数有限,但它是面向全校学生、服务全校学生的一个社团。社团通过"以点带面"的方式,在全校普遍推广版画艺术创作,让大部分学生都爱上版画艺术,掌握版画的制作技艺,并从中体会版画创作的乐趣,在版画的艺术熏陶中领悟艺术之美。为此,蒲公英版画社配合学校开展版画课程,每学期每个班开展不少于2节的版画课,希望在日常教学中将版画艺术渗透其中,在学校全面推广版画艺术。

然而,版画的独特性、版画工序的繁复性让学生遇到不少挫折,学生容易泄气,继而热情受到打击。这个时候,需要教师专业的指导和助推。赖国华老师就是这样做的:

静待花开,这个词用在做绝版套色上最合适不过了。

刻好第一版后,许多学生迫不及待要印画,想看看自己的画稿印出来是什么样子,心中激情澎湃。当印完第二版色彩,发现与自己设计的画稿还相差很远时,很多学生开始泄气了,创作出现了倦怠的情绪,创作的乐趣也渐渐消失，甚至有些学生表现出不想继续下去的态度。

为了保持他们的创作激情，找回创作的兴趣，我没有强硬要求他们继续进行下去。我找来很多名家的绝版套色作品图片，并搬出几张我已经装裱好的绝版套色版画让他们观摩，这时底下一片叽叽喳喳，"哇，色彩好丰富啊！""这得套印多少次哦！"……这时我让大家都安静下来，找出其中的一幅版画，说："这幅画我花了多长时间就不说了，谁知道我套印了几版色？"有几个学生还真的数了起来："一、二、三……""八版！"我顿了顿说："对的，八版。刚才你们看到的名家作品中，有一幅还套印了十一版色，如果我像同学们一样半途而废，我想大家就看不到现在这幅画了，做创作要静待花开！"

这时，高年段学生似乎听懂了我的言下之意，说："老师，您别说了，我们知道该怎么做了！"学生的激情又回来了。

由于科学合理的目标定位、丰富多彩的社团活动、专业指导的高效介入、各种各样的展出及赛事、独具特色的乡土资源、独具匠心的课程特色，蒲公英版画社自成立以来，已成为学校最受欢迎的社团之一，也获得了很多成绩和荣耀。2009年，学校编辑制作了《有版有眼——优秀版画作品集》（图3-5）；2011年，学校又编辑制作了《沙湾民俗风——优秀版画作品集》。学生创作的优秀作品不仅有了展出的机会和交流的平台，还有了发表的可能。这一切，对学生学习热情、创作热情的鼓舞都是惊人的。2012年和2013年，版画社团被评为"番禺区中小学生优秀社团"。2013年1月，版画社团参加广州市第五届中小学综合实践活动教学成果评比活动获优秀学生社团三等奖。

图3-5 《有版有眼——优秀版画作品集》（2009年）

这些年来，蒲公英版画社的各项工作开展得有声有色，树立了良好的公众形象。蒲公英版画社被评为"番禺区中小学生品牌社团""广州市高水平学生美育团队"。国画大师陈金章教授为蒲公英版画社题了字（图3-6）。自版画社团成立以来，成员在参加全国、省、市、区的比赛中共有300多人次获得奖励，还有60多幅学生版画作品被刊登在各类报刊上。社团先后在沙湾古镇、番禺博物馆和西安、长沙等地，以及中国版画博物馆举办过优秀学生版画作品展览，受到社会的一致好评（图3-7）。《南方日报》《广州日报》等多家媒体对蒲公英版画社也曾做过专题报道。学校先后获得"广州市学校民族民间美术特色年版画特色项目优胜学校""广州市第二批艺术（版画）重点基地学校""岭南少年儿童版画教育研究会理事单位""广东省首批艺术特色学校""广州市学生高水平美育团队"等称号。

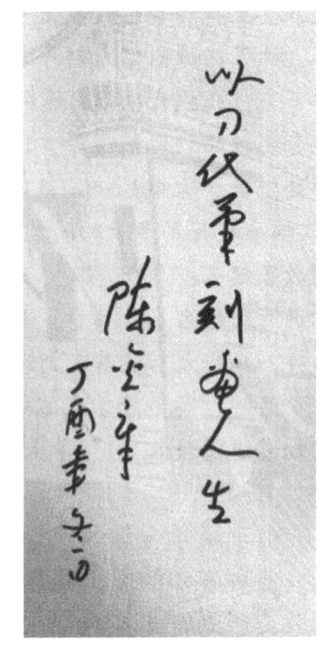

图3-6　国画大师陈金章教授为蒲公英版画社题字

图3-7　2021年3月在中国版画博物馆举办"东南西北中——广州市番禺区沙湾中心小学版画教学成果展"

2014年，版画社团制定并编写了《蒲公英版画社社团手册》，一方面有利于社团更加高效有序地运作，另一方面将学校在社团建设方面的有益探索形成文字，使之不断延续传承，发扬光大。随着版画社团的壮大，学校也成了广州市版画项目特色学校。

二、以刀代笔，演绎古镇之美

把乡土文化特质融入课程当中，借助丰富的课程内容，激发学生爱国、爱乡之情，这是学校"和美教育"的一贯主张。在这样的文化氛围下，蒲公英版画社致力于把儿童版画引入乡土文化的传承与创新中，在丰富版画创作元素的同时，让更多人认识版画这一民间艺术，让更多承载着深厚沙湾文化的版画作品走进千万家，让沙湾民俗文化如蒲公英一样在学生心中生根发芽，一脉相传。

如何把乡土文化融入版画艺术创作当中？这是蒲公英版画社指导教师要解决的问题。教师们充分利用本土文化进行课程的开发，向学生介绍沙湾民俗文化，带领他们深入古镇街巷感受古镇魅力、探访老艺人、体验民间艺术等，让沙湾的传统文化得以传承。

传承只是第一步，还需要对这些传统文化元素加以创新，融入新的时代元素。在用版画独特的艺术形式去表现沙湾的文化，在以刀代笔刻下一段段沙湾古镇的历史文化长卷的过程中，教师们指导学生创作出"沙湾古建筑""沙湾水乡""沙湾兰花"等一批版画作品。古老的题材，被新鲜地予以展现。沙湾古色古韵的民居、自然和谐的石板街、淡雅高洁的兰花、栩栩如生的醒狮、身手敏捷的舞龙、独具特色的小吃、朴素自然的水乡等乡土元素，都在创新的版画作品中体现得淋漓尽致。

例如，学生睿桁（化名）的《兰花》（图3-8）是运用绝版套色技法完成的。作品构图饱满、色调清新，兰花枝叶前后关系处理得当，凌而不乱，婀娜多姿，很是动人。画面还注意了疏密的对比，花的向背变化灵活，画面背景用刀自由洒脱，刀痕平添了不少版画特有的趣味，是一幅难得的版画作品。这幅作品倾注了教师和学生的灵性和心血。

下面以版画社团活动和教学实录为例，介绍版画教学和制作的过程。

图3-8 睿桁作品《兰花》

（一）版画艺术实践工作坊——版画社团活动案例

沙湾中心小学版画艺术实践工作坊是在学校"和而不同，各美其美"的办学理念的引领下，以艺术教育作为特色建设的突破口，以蒲公英版画社为载体，以完善的课程体系为驱动，打造出的学校艺术教育的特色亮点品牌。在10多年的少儿版画教学探索中，学校把"版画""沙湾"两个看似毫无关联的词语，在特色美术教育创建中有机地融合在一起。师生以刀代笔书写着一段段沙湾古镇的历史文化长卷，创作出一批批表现沙湾古镇之美的版画作品。

广东音乐、古建筑、飘色、舞龙、醒狮、雕刻等颇负盛名的民间艺术是沙湾古镇的乡土文化特色。到底哪些内容适合成为版画创作的题材？为了探寻答案，教师带领学生进行了探究活动，对沙湾本地美术课程资源进行详细研究和梳理。

该活动的过程持续时间长、内容丰富，其活动目标为：一是传承、宣扬沙湾优秀乡土文化，并把它融入版画创作的过程中，创作出一批具有沙湾鲜明特色题材的版画作品。二是让学生在调查、采访、资料收集等过程中学会自主学习、探究学习和合作学习，转变学习方式，以促进学生和谐均衡、个性化地发展。三是使学生学会利用版画课程或以各种不同的（可以产生凹凸不平的效果）材料作为主要媒材，创作出能够表现自己对生活的感受，以及表达自己的理想、个性、情感、意识和审美观点的作品。四是让学生在学习过程中感受沙湾乡土文化魅力，激发其传承传统文化的内驱力，培养热爱家乡的情感，从而更好地传承本土文化精神，这具有深远的现实意义。

在前期准备方面，首先，教师收集、购买关于少儿版画创作及乡土文化资源研发的相关书籍。然后，师生共同整理沙湾乡土文化资源，收集相关图片，备好多种版画创作需要的工具材料。最后，定好参与活动的人员名单，做好记录，制定外出采风写生方案。具体的操作流程如下。

第一，尽可能全面地搜集、挖掘和整理沙湾民间艺术文化资源，对沙湾现代化进程中民族民间美术的流传、演变过程和遗存情况进行分析，并加以保存。用"少儿版画"案例研究开发和传承沙湾的民间艺术，通过实施案例的行动研究，探究乡土文化背景下"少儿版画"教学方法，促进乡土文化的传承和可持续发展。

第二，利用社团活动时间，开展"走进沙湾——了解沙湾乡土文化"专题学习，引导学生从文稿和图片上初步认识和了解沙湾的乡土文化项目，感受沙湾文化的魅力。

第三，为了加深学生对沙湾古镇的印象，更深入地了解沙湾古镇的民间艺术，教师利用社团活动和综合实践活动时间，多次带领学生深入古镇开展采风写生活动。学生置身古镇感受着乡土文化，在教师的指导下，从艺术的角度欣赏古镇的美，并为下一步进行版画创作收集资料。写生活动一般要求学生画速写，可以画古建筑、古街、古树、店铺、游客、美食、石雕、砖雕、木雕、灰塑等，还可以临摹一些吉祥图案。

第四，学生整理写生资料，选择适合创作版画的素材制作草图。在教师的指导下完善草图，按照所制作的版画尺寸制作第一版黑白稿或彩色稿，再参考相关作品修改版画稿。教师提醒学生必须反写稿中出现的文字和数字，教师审稿没问题后就可以过稿。

第五，制版是最关键的一步，教师根据学生制作的不同版种进行相关的培训。例如，在制作《沙湾古建筑（凹版）》作品时，因为学生是第一次接触凹版，所以教师在讲述凹版的制作方法与技巧、怎样把画稿转化为版画、示范印制等方面花费了不少时间。一开始，学生创作的作业效果一般，后来经过多次的操作、修改，学生慢慢地掌握了印制方法，呈现出来的效果非常好，那种凹版肌理效果非常明显。凹版制作难度不高，它适合中年段学生制作。又如，在制作绝版套色的《兰花》作品时，由于套色版画制作周期比较长，每印制一次需要等待一周左右，待作品干透以后才能进行下一次的印制。所以，教师把这个课例设置为7个课时，前面3个课时为认识沙湾兰花、分析兰花结构、写生兰花，再把写生作品绘制成3～4色的版画作品效果；后面4个课时则学习印制作品，直至完成。绝版套色版画难度较高，适宜高年段学生制作。

第六，作品制作完成后，社团举行了作品创作分享会，要求学生面对社团的同学介绍自己的作品，从创作构思、制作过程、问题疑惑、解决方法、作品赏析等方面全方位地分享自己的创作心得与体会。这个过程可以提高学生的欣赏水平，让学生学会分享。

第七，在学校举办小型版画作品展，展示学生的劳动成果。同时，通过作品展可以在全校范围内推广版画艺术，让更多的学生认识了解版画，对版画产生兴趣，从而积极地加入版画社团，为社团建设储备人才。

第八，邀请专家到校指导。学校邀请了美术教育的专家谢丽芳老师、陈卫和教授、侯令老师等到校指导学生的版画创作，还邀请了版画家郑爽教授（图3-9）、李全民教授以及国画大师陈金章教授、雕塑家李汉仪教授等到校指导同学们的创作。

图3-9 广州美术学院著名版画家郑爽教授指导社团学生

第九,为了检验学生的创作水平,学校组织学生参加各项展览或比赛,有全国的艺术教育成果展、全国少儿版画双年展、广东省的艺术展演、广州市的绘画与手工艺作品比赛、番禺区现场书画大赛等专项展览或比赛。在参与这些展览、比赛的过程中,学生的综合能力得到了快速提升。

第十,在番禺博物馆举办"我爱沙湾——沙湾镇中心小学学生版画作品展"。许多专家、领导和兄弟学校的教师对于展览布置和作品水平,都给予了很高的评价。其中,钰琪(化名)同学代表版画社团发言,她感谢学校提供各种平台让同学们可以带着梦想自由飞翔,感谢两位辅导教师无私且耐心的指导,在版画社,她学会了坚持。作品展上的40多幅作品均是表现沙湾古建筑和兰花两个系列的作品,童趣十足。

通过实践,学校发现,这样的探究活动需要经历一个持续的、长期的过程。为此,学校将这项活动作为课题进行更加系统的研究。在研究过程中,由各负责教师推进具体的实施,营造浓厚的研究氛围,加强理论学习。根据学生的年龄特点,紧密结合小学美术的教学实际和当前教学改革的前沿理论,并在平时教学研究的基础之上,参照"沙湾文化融入少儿版画课程""有效教学策略"等开展研究。在具体的课堂教学中进行实践,通过研讨课发现问题,完善操作思路,进一步补充、完善"以沙湾文化为题材的少儿版画课程开发研究";在实践中不断完善和提高,使课程更具有针对性和实效性。除此之外,教师积极开展课题组组内研究,组织听课小组听课、评课;围绕研究主题开展研讨会;总结经验教训,提升理论知识,形成课堂教学模式案例,并把这种教学模式推广出去,让更多的教师开发本土文化资源,让更多的人关注少儿版画教育,让更多的学生热爱版画、体验版画艺术。

活动利用了学校丰富的资源,选择学生易于接受、操作性强的部分内容开发为版画课程，旨在构建一种符合当前教学实际的特色项目。该项目既能满足学生对沙湾地方文化认知、学习的需要，又是对现行美术教材（广东版）有力的补充。校本课程的开发内容具有开放性，力求做到普适与典型并重，传承与创新并重，沙湾文化与少儿版画本体并重。

该活动的开展，一方面可以有效地整合地方美术资源，优化美术课程结构，提高学生的沙湾文化审美修养，促进学生个性化发展；另一方面，以校本研究为契机，推动校园版画社团文化建设，同时为传承与发展地方文化打下一定的基础。该活动不仅为学校的校本课程研究编制教材，也为周边地区的学生积累图文资料，让学生寻找制版、印版的乐趣，所编课程力求适合小学生的年龄特征，并在一定范围内起引领作用。此外，有助于教师的专业成长，有助于学生的创作表现，有助于学校特色建设。

该活动为社团建设提供了大量的数据与成果，学生创作了一批质量高、内容丰富、形式多样的优秀美术作品。学生在参加区级以上的各类比赛中共获奖111项，其中区级98项、市级8项、省级2项、国家级3项；另外有20幅学生作品被刊登在区级的报刊上。

例如，作品《旗杆夹》（图3-10）是根据写生作品提炼，再运用凹版技法创作的。画面表现的是沙湾古镇何氏宗祠"留耕堂"门前的旗杆夹，这些旗杆夹记录着何氏子弟参加科举的荣耀。小作者在构图时把旗杆夹有意做了疏密处理，做到了密不漏风、疏可走马。画面线条简练，借助点、线、面把画面处理得恰到好处，充分地体现了古建筑的魅力。

图3-10 《旗杆夹》

作品《福德桥》（图3-11）是一幅表现水乡小桥流水的优秀作品，画面中建筑物的静与人物的动形成对比，充满生活气息。人物形象概括突出，用刀自由，无拘无束，尽显儿童天然的稚拙感和稚拙气。水面的处理用刀轻快，波光粼粼，令人陶醉。

图3-11 《福德桥》

作品《沙湾文化》（图3-12）把沙湾古建筑具有代表性的镬耳屋、文峰塔、旗杆夹的形象通过组合，以一种纪念碑式的构图展现出来，给人一种强烈的肃穆感。通过不同的刀法表现这三种不同的建筑形象，在统一中寻找变化，版画的味道特别浓。

图3-12 《沙湾文化》

（二）《兰花》——绝版套色教学案例[①]

在国人的心目中，兰花是一种象征高尚品格的名花，如《周易》有言：

---

① 本篇课例作者为广州市番禺区沙湾中心小学教师赖国华。

"二人同心,其利断金;同心之言,其臭如兰。"就是将君子比德于兰,以兰花来比喻高雅正气之品格。

兰花是沙湾镇的四大文化品牌之一,沙湾的育兰历史可追溯到清朝,当时沙湾的书香门第、功名人家都以栽兰品兰为风雅。沙湾人称种植兰花为"养兰",沙湾爱兰、赏兰、品兰的人众多,以修心、养性风雅怡情,而且代代相传,经久不息。沙湾的兰花品种很多,其中"企剑白墨""金丝马尾""白蜡素心"等兰种较为出名。为此,教师让学生拿起手中的刻刀,放刀直干,创作出心中的兰花。

通过"《兰花》——绝版套色教学"活动,学生可了解兰花的种类和文化,认识兰花的形态结构和造型特征,理解兰花的品格;在创作过程中学习兰花的表现方法,在制版与印制过程中学习树脂板绝版套色技法,从而传承和发展家乡传统文化,培养对家乡的自豪感。

1. 欣赏与写生

首先,鼓励学生通过各种途径学习有关兰花的知识,收集有关兰花的文字、图片素材。

其次,召开"兰花文化"分享会,让学生展示、分享自己收集的有关兰花的文字、图片素材。教师总结学生的分享,补充兰花的历史与文化知识,增强学生对民族和家乡文化的认同感。

最后,教师带领学生到学校的植物园,近距离观察兰花的结构形态和色彩,并进行兰花写生。

2. 创作画稿

第一,根据写生稿和自己带来的图片素材,创作线描画稿,注意构图和兰花的动态结构。

第二,根据线描稿进行简单分色(3~4个色)。

第三,完善创作稿。

3. 制版与印制(图3-13)

第一,用复写纸把画稿转印到树脂板上,刻出白色部分,印出第一遍色彩(黄色)。注意第一遍色彩要浅一些、薄一些,由浅至深。

第二,刻掉黄色部分,印出第二遍色彩(绿色)。

第三,刻掉绿色部分,印出第三遍色彩(黑色)。

第四,印墨晾干后,用铅笔写上标注,完成版画创作。

图3-13 步骤图

4. 交流分享

学生全部制作完成之后，学校举办小型展览，让学生交流创作小技巧和在创作过程遇到的困难，介绍自己的作品并分享成功的喜悦。

对于这节课的效果，教师赖国华写道：

"《兰花》——绝版套色教学"这一课对小学生来说难度不小，其原因一是兰花的结构、形态比较难把握，二是颜色的搭配及对版对学生是一种考验。

本课的学生作品带给我意想不到的惊喜。无论是作品的创意构思、兰花的结构形态的把握、色彩的搭配，还是对版的把握，都让我眼前一亮。如睿桁（化名）同学的《兰花》，构图饱满，色调和谐，兰花枝叶前后关系处理得当，凌而不乱，婀娜多姿，很是动人，花的向背变化灵活。凯颖（化名）同学的《兰花》构思很特别，整幅画以黄绿的暖调为主，背景色彩和刀法都追求单纯；花是这幅画的主角，没有出现多余的叶，花瓣以线为主来表现，花蕊上那纯纯的黄是这幅画的亮点。

每年，蒲公英版画社都会组织成员参加丰富多彩的社团活动。比如，每学期末都会在学校举办一次优秀版画汇报展，向全校师生展示社团成员一学期以来的活动成果；每年的校园文化艺术节也会举办优秀作品展览，向家长和社会展示社团成员的学习、创作成果。社团敞开大门，鼓励学生多参加校外展览，加强与其他社团的交往与交流。目前蒲公英版画社的身影已经出现并活跃在市、省，甚至全国性的活动中。

为了结合镇教育指导中心开展的"关注外来工子女学校的美术教育"课题研究，沙湾中心小学与万翔学校开展了"手拉手"活动，派教师到万翔学校进行版画教学，指导万翔学校的学生学习版画技法并进行版画创作。同时，组织我校版画兴趣班的学生到万翔学校开展交流活动，让两校学生进行互动学习。另外，邀请万翔学校的同学到我校参观、交流、学习，进一步了解学校的版画教学情况。最后，把学校一些优秀的学生版画作品提供给万翔学校用来布置和装饰校园，建设良好的校园文化。

第三节 粤韵悠扬，民乐流传

作为岭南文化重要的组成部分，粤剧是表现和传承中华优秀传统文化的重要载体之一，具有鲜明的地方性、多样性、兼容性和灵活性。粤剧艺术需要被大众所熟知，也需要一代代薪火传承。为此，沙湾中心小学积极开展粤剧社团活动，培育粤剧"新苗"，传承粤剧文化，创建校园粤剧品牌。在发展粤剧社团的同时，学校结合民乐，将粤剧曲艺的文化精髓和民族交响乐丰富的声响表现力结合在一起，利用崭新的表演方式，丰富粤剧社团、民乐社团的内容，共同发展，使得校园粤韵和民乐的"岭南味"更加浓郁。

一、粤剧社团，成长"小红豆"

> **沙湾小档案**
>
> **"小红豆"粤剧社**
>
> 2014年10月，沙湾中心小学创立"小红豆"粤剧社，社徽如图3-14所示。2015年12月，学校被番禺区曲艺家协会审批为"番禺区戏曲传承基地"；2018年被定为广州市第二批戏曲传承基地。
>
> 社团口号：我是粤剧传承人，我传承我快乐。
>
> 社团的宗旨与目标：以弘扬传承传统文化、建立民族自信、全面促进学生核心审美素养的提升为终极目标，形成沙湾"名片"，打开区域学校特色美育发展新局面。积极推动优秀中小学共创实训教学交流，大力开展与国内各专业院团之间的合作，提升学校音乐社团知名度，让这股艺术力量成为沙湾地区的特色教育名片。

图3-14 "小红豆"粤剧社社徽

粤剧，又称"广府大戏"或者"广东大戏"。它根植于广东，流行于珠三角地区，是以粤方言演唱的广东地方传统戏曲剧种。2006年，粤剧被列入第一批国家级非物质文化遗产名录。2009年，粤剧被联合国教科文组织列入人类非物质文化遗产名录。

作为广东音乐发源地之一，沙湾镇一直是粤剧曲艺活动最活跃的地区。作为沙湾学子，我们有责任、有义务去传承与发扬沙湾文化，进一步弘扬沙湾戏曲文化。2014年10月，为了在现代艺术文化与传统文化之间寻找一个平衡点，填补民俗音乐教育方面的缺失或者空白，让传统粤剧文化得以继承和发扬，以经典影响每位学生，沙湾中心小学创立了"小红豆"粤剧社。

该社团由经验丰富的广州市曲艺家协会成员、广州市粤剧名家吴非凡老师组建并开展培训。为了更好地开展教学活动，学校聘请了专业师资，如广东粤剧院二团国家一级演员刘建科老师、二级演员严金凤老师，还有黎影彤、任嘉宝、陈觉等优秀教师，他们每周来到学校指导"小小粤剧爱好者"。

为保障学校粤剧社团顺利开展训练，学校专门召开了家长会，宣传发动更多学生加入社团，以保证粤剧社团的梯度发展。学校通过开设戏曲社团、举办戏曲讲座以及戏曲进校园演出等活动，培养学生对戏曲的兴趣，传承弘扬优秀戏曲文化，让100%的学生都参与戏曲传承活动。学校先后购置了一批训练道具、服装等物资，在物资方面保障粤剧社团活动的顺利开展，并根据实际训练与演出的需要不断添置各种演出设备与服装。此外，学校保障粤剧社团训练的场地和时间，以避免其他社团的训练对粤剧社团产生干扰。粤剧社团的活动使用场所的占地面积为240平方米，基地活动器材与服装配置有舞蹈室的把杆、器乐音响、节拍鼓、学生练功服、水袖等。经过全校师生以及专业教师的努力，粤剧社团基本成型，且设备完善、制度规范、师资专业、规划科学，这些条件使得学生的专业水平有了很大提升。

为将粤剧曲艺送进校园，挖掘和培养粤剧"新苗"，学校从一至六年级招收的学员有20余人。粤剧社团的课程采用"周二、周三、周四早训+周二与周四下午放学后上专业课"的模式，在课后托管时间进行训练。每周二16：30—18：00分别在学校舞蹈室和音乐2室进行训练（分为男、女生训练）。

为了通过训练和培养使学生掌握较全面、扎实的粤剧表演基本功知识和技巧，教师们围绕戏曲表演核心"四功五法"对学生进行分解和综合训练。教学内容由浅入深、由简入繁，通过灵活有趣的学习方式，让学生掌握粤剧表演的基本知识与基本技能。学校为丰富学生课余活动，升华其对粤剧艺术的情感，更好地促进粤剧艺术在校园里的传播，每学期会有计划地组织学生排戏演出并参加比赛。

然而，由于粤剧进校园的时间不长，不少学生对这一方面还比较陌生，学习粤剧的过程中面临的各种考验犹如要通过的层层关卡。学生在粤剧社团中的学习，堪比关羽过五关斩六将。

第一关，语言关。由于一直以来普通话已经根植于学生心中，不要说非本地户籍的学生，就连本地户籍学生在说粤语方面也不甚理想。针对这种情况，学校特意调整了排练粤剧的时间并加大了训练和强度，在语言、唱功、基本功等多方面进行了强化训练。

第二关，基本功。基本功训练是学习且学好粤剧的根本，需要脚踏实地、稳打稳扎以及长期的坚持，如练习压腿、踢腿、身段操，认识粤剧的指、掌、拳、步伐等。与此同时，还要注重练声，尤其要结合特色工尺谱"合、士、乙、上、尺、工、反、六"来科学地找到发音位置和方法。教师将训练内容拍成视频，让学生回家继续练习，巩固学生新学的内容。正是因为不断地、反复地训练，才练就了学校"小红豆"粤剧社成员扎实的、过硬的基本功。

第三关，时间和节目编排。学校结合学科特点，重点抓好粤剧曲艺的音乐课程，使其与学生的日常学习活动紧密结合；抓紧深入开展粤剧曲艺文化内容的搜集，调整作息时间；抓紧收集原始资料，因为熟悉粤剧曲艺文化的多数是年逾古稀之人，这是为了保障粤剧曲艺文化精髓不因人员的流逝而消失；加大校本教材的重新编排力度，开展粤剧曲艺音乐的编辑；根据地方特色，安排调整课时计划，保证学校民族文化凸显本土特色，保证学校教育与地方发展融为一体。

第四关，作品欣赏与理解。限于小学生的认知与知识水平，其对粤剧作品的理解和欣赏能力是较为有限的。因此，教师在课堂教学中主要着手于作品欣赏、观看视频、发声练习、模唱粤剧等戏曲作品选段，引导学生初步了解各种戏曲的发展情况及相关知识，了解唱段内容，感受其情感表现，理解角色的思想感情，学会演唱部分戏曲选段，能够用简单的、经过提炼的动作进行戏曲唱段表演并尝试有个性的创造性活动。

学校邀请专业的粤剧团队来校表演，将粤剧服饰、头饰、道具等进行实物展览。这些活动的开展，为"小红豆"粤剧社成员更加了解粤剧文化提供了平台。为了促进"小红豆"粤剧社对粤剧文化的传承，学校组织学生观赏学习粤剧视频、比赛等，形成良好的学习氛围，从而让学生理解和欣赏粤剧所蕴含的文化内涵。

第五关，作品演绎与创新。粤剧虽是一种传统的艺术形式，但能和多样化的艺术表演融合在一起，也可以在不断创新中得以更好地传承。例如，将粤剧表演和合唱、校园音乐剧、诗朗诵、舞蹈等进行有效结合，创作时紧密联系学生生活以及学习情况，确保剧目更加新颖，符合当代学生审美需求，进而实现传承中有创新。如在2016年，该社团排练的作品《过马路》就将粤剧元素融入小品中；2020年，创编粤剧作品《风采沙湾》（图3-15），将粤剧与舞蹈这两种艺术形式融合在一起，创新性地呈现传统文化，给予观众不一样的体验。

图3-15 粤剧作品《风采沙湾》

经过几年时间的深耕打造,该社团已经形成了一种学习氛围:课前教师上课,班长敲着鼓点让社员们练习走圆场、压腿等一些简单的基本功;课中练习时,安排好"一大一小"的方式进行带练。

"小红豆"粤剧社从2014年成立以来,成员中多人获广东省少儿戏曲小梅花荟萃活动"银花"称号,社团每年参加番禺区曲协少儿戏曲展演均获好评,多次在戏曲展演中获得优异成绩,取得区级以上奖励20多项。图3-16和图3-17所示分别为在广东省第十二届少儿戏曲小梅花荟萃活动中被授予"银花"称号的学生和在2021年"星腔曲韵绽芳华"星腔大赛中荣获"新星奖"的学生正在表演。2021年,该社团更是登上了番禺春晚。

通过开设"小红豆"粤剧社社团,校园营造了较为浓厚的粤剧氛围。在教

图3-16 在广东省第十二届少儿戏曲小梅花荟萃活动中被授予"银花"称号的学生正在表演

图3-17 在2021年"星腔曲韵绽芳华"星腔大赛中荣获"新星奖"的学生正在表演

师的引导下,学校不断加强德育教育,对于团结校园、促进集体向心力有着较好的效果。"小红豆"粤剧社是粤剧课后活动的载体,让粤剧走进校园,有利于增强学生的民族自信心和文化认同感,有利于培养粤剧文化接班人,从而有效推动粤剧艺术的传承与发展。教育本身也是一个文化传承的过程,学校教育是人类文化传承的重要途径之一。基于粤剧艺术在小学校园传承与发展的探讨,将粤剧学习融入社团活动,开展与粤剧结合的社会实践活动,营造粤剧校园文化氛围和开拓粤剧公益培训的具体途径,对粤剧的传承具有积极的意义。

二、民乐社团,小小演奏家

沙湾小档案

"粤韵悠扬"民族乐团

"粤韵悠扬"民族乐团成立于2018年,简称民乐团,由经验丰富的广州柯达伊艺术培训中心和广东省民族交响乐团联手组建并开展培训。团徽如图3-18所示。

社团口号:传承经典,奏响未来。

社团的宗旨与目标:让更多的人了解和欣赏中国传统音乐,体验音乐带给人们的快乐与感动,传承和发扬中华传统文化。

图3-18 民乐团团徽

民乐是中华文化的重要组成部分,中国的传统音乐文化有着深厚的历史底蕴和独特的艺术魅力,它能够带给人们深刻的艺术享受和精神滋养,具有独特的韵味和丰富的表现力。和其他音乐形式相比,民乐注重旋律和节奏的和谐以及演奏者情感的表达,强调的是演奏者和乐器之间的互动与配合。这种互动与配合对于小学生来说是一种非常有益的体验,它不仅能够帮助学生提高音乐素养和团队合作能力,培养学生的音乐技能和审美能力,还能够增强学生的团队合作精神和集体荣誉感。不仅如此,民乐团能够让学生更深入地了解和感受中华文化,培养他们的民族自豪感和文化自信心。

为传承传统音乐,学校于2018年正式成立"粤韵悠扬"民族乐团。提起创办民乐团的初衷,民乐团老师说:"希望通过民乐团的形式,让更多的人了解和欣赏中国传统音乐,体验音乐带给人们的快乐和感动,同时也能够传承和发扬中华传统文化。"然而,在组建过程中,民乐社团遇到了各种困难和挑战,招募新成员、资金不足、培训和管理、活动安排等问题常常困扰着民乐团老师。"民乐团有不同的声部,分别需要招募一定数量的学生,但是有时候可能会出现招募不到足够学生的情况。"为了解决这个问题,教师们只能通过表演宣传和推广,提高民乐团的影响力和知名度,吸引更多的学生加入。图3-19所示为民乐团在校园艺术节上表演。

图3-19 民乐团在校园艺术节上表演

秉持着对传统音乐的热爱,民乐团老师带领社团克服重重困难,为社团争取了资源,保障了社团的运转。在师资方面,学校有音乐专任教师4名,兼任音乐教师1名,民乐团专业指导教师8名。民乐团有大提琴、竹笛、扬琴、中阮、二胡、笙、琵琶、打击乐共八个声部。在硬件设施上,学校设置了8间民乐教室。在乐器上，学校配备的有大锣、京剧锣、铙钹、广镲、花盆鼓、小堂鼓、高边锣、吊镲、马林巴、狮子鼓等，学生自备的包括高音阮、中阮、琵琶、竹笛、大提琴、扬琴、二胡、哑鼓等。

为了协调和管理社团的教学活动，民乐团采取了以下措施：首先，为了提升课程质量，把民乐团纳入"430"课后服务的个性化课程。民乐团的课程采用专业课、练习课和合排课相结合的模式。在每周三的"大艺术"课程开设戏曲和民族乐器课程，并结合学生课后托管时间进行训练，还在寒暑假期间安排短期的集训。分声部训练，适时进行合排，除了粤曲男女生合排和民乐的综合演奏外，还把粤曲和民乐集中联排，以民族乐器的演奏作为背景音乐，为粤曲的演唱增添光彩。然后，通过制订各项制度，提高学生的演奏水平，进而提升民乐团整体演奏水平。重新整理民乐团的管理章程，对专业教师的职责提出明晰的要求，引入巡课教师在练习课上对学生进行专业的指导，提高学生的音准，提升学生的演奏水平。最后，整理"学生管理制度"，制订"民乐A、B团成员选拔方案"。通过选拔方案，对学生的学习定下了明确的目标。同时，通过召开民乐团家长会，让家长明确民乐团的管理章程，明晰学校对民乐团的培养方向，并提出一对一、一对二的训练计划，促进民乐团的学生快速成长。

考虑到传统音乐文化特质以及独特的民族乐器特点，民乐团在教学方法和策略上具有独特性。首先，教学通常从基础开始，如基本的乐理知识、乐器演奏技巧等。民乐需要掌握的技能也比较复杂，包括演奏技巧、音乐理论、曲目理解等多个方面。其次，民乐需要演奏者之间的高度配合和协调，因此需要采用灵活与多样化的教学方法及策略，逐步引导学生理解和欣赏中国传统音乐，培养他们的音乐感和表现力，比如采用讲解、示范、练习、合奏等多种教学方法相结合的方式进行教学。对于学生在学习过程中遇到的困难和挫折，教师需要耐心指导，帮助学生找出问题所在，并鼓励他们持续练习。同时，教师需要根据学生的不同背景和兴趣，制订个性化的教学方案，帮助学生树立自信心，激发学生持续学习的动力，鼓励学生自主学习和探索，激励他们坚持下去。最后，通过乐团活动和演出为学生提供良好的学习体验与展示平台，如校内的艺术节、校外的比赛或展演活动等。校内演出，包括校内定期举办的音乐会和专场演出，为学生提供表演和展示的平台。同时也参加校外的比赛，如广东省民族器乐大赛、"羊城学校美育节"、广州市中小学生器乐比赛、广东地方音乐交流展演、番禺区第四届中小学生器乐演奏比赛、2019番禺区少年戏曲大赛暨颁奖典礼（图3-20）等。这些活动和演出为学生提供良好的实践机会，让他们能够将学到的知识与技巧应用到实际演奏中，提高自己的演奏水平和表演能力。

图3-20　2019番禺区少年戏曲大赛暨颁奖典礼

在民乐团的学习和实践中，学生的成长和发展是非常显著的。在音乐技能方面：第一，学生提高了自己的演奏技巧。通过参加民乐团的排练和演出，学生可以不断提升自己的演奏技巧。在排练中，他们学习到如何更好地掌握音准、节奏和演奏表情等技巧。通过演出，他们锻炼、提升了自己的表演能力和舞台应变能力。第二，学生拓展了自己现有的音乐知识。民乐团演奏的音乐作品涉及多种风格和时期，学生通过学习这些作品，可拓展自己的音乐知识，了解不同地区、不同民族的音乐风格以及不同历史时期的音乐特点。第三，增强了学生的音乐感知能力。参加民乐团的演奏，增强了学生对音乐的感知能力，他们可以更好地理解音乐的节奏、音色和情感表达等，从而提高自己的音乐素养和演奏水平。

在社交能力方面：第一，培养了学生的团队合作能力。在民乐团中，学生需要与其他乐手合作演奏，这锻炼了他们的团队合作能力。学生需要学会互相倾听、配合和协调，以完成音乐作品。通过这种方式，学生能更好地了解团队成员之间的合作方式和沟通技巧。第二，培养了学生的人际交往能力。参加民乐团的活动和演出，有助于学生结交更多的朋友，拓展自己的人际交往圈。他们可以与其他乐手、音乐爱好者交流学习，分享彼此的经验和感受。这不仅提高学生的社交能力，还可以帮助他们建立良好的人际关系。第三，培养了学生的自信心。通过参与民乐团的活动和演出，学生可以在公众面前展示自己的才艺，获得观众的认可和赞赏，从而增强自信心和自尊心。在舞台上表演，可以让学生克服紧张情绪，更好地展现自己的音乐才华。

如允怡（化名）同学在民乐团的活动中获益良多，她说："我喜欢学校开展的这些活动，我在民乐团学到了很多乐理知识和收获了很多朋友，还学会了琵琶这种充满韵味的中国传统乐器，学到了琵琶的演奏技巧，这些可以让我比同年级的同学在学习时更快地掌握知识，学得比别人更快更好。"

晨晨（化名）同学是学校五年级的学生，加入民乐团阮班5年了。通过民乐团的锻炼，她从一个胆小腼腆的学生变成一个敢自信向大家展示的学生。

晨晨是一名小学五年级的学生，一年级就加入民乐团阮班学习。在参加民乐团之前，晨晨没有学过音乐及其相关知识，在练习的时候有时比较吃力，不过在老师的教导及日常的训练中，她都会努力克服困难，参与挑战。在民乐团的5年里，晨晨参加了许多演出和比赛，也慢慢成为一名小小的乐手。

在参加这些活动的过程中，晨晨渐渐地学会如何准确掌握音准节奏以及表情，逐渐拥有了音乐感知能力。晨晨可以清楚地知道每首歌的情绪，以及在演奏时的音色表达。在民乐团里，晨晨还交到了许多志同道合的朋友，大家会一起讨论关于演奏的技巧知识，也会互相帮助。这进一步提高了晨晨的社交能力，同时她也学会了与同学互相倾听、配合和协调。

有一次，民乐团排练一首高难度的歌，晨晨不是节拍卡不进去，就是容易出错导致无法与大家配合，这让她十分苦恼。不过晨晨始终没有放弃，在又一次合排出错后，晨晨找了民乐团的专业教师请教，也找了乐团里的同学们交流。通过一段时间的努力练习，最后大家一起出色地完成了演出，并拿到了一等奖。演出结束后台下观众热烈的掌声，让晨晨增强了自信心和自尊心，使她能够克服紧张的情绪更好地演奏。

四年级的韵铟（化名）同学加入民乐团竹笛声部2年了。

韵铟刚加入民乐团时，她的心情很激动，虽然很多人不认识韵铟，但是同学们都很愿意和她交朋友。现在有很多人和韵铟做朋友，大家每天一起练习，一起放学，形影不离。

在刚开始练习的过程中，韵铟总是在细节上出问题。但每次她都在老师和同学们的悉心指导下，克服困难，学会了新曲子。韵铟也始终相信，只要坚持不懈地练习，就可以代表学校去比赛。老师有时会给大家讲乐理，韵铟每次都听得津津有味，认真做好笔记。她相信只要更努力地去练习，就一定能成为一名出色的乐手。

民乐团在演出和比赛中获得了很好的成绩，这让社团教师和学生们非常自豪。面向未来，社团志在培养更多的年轻演奏者，要让更多的人了解和欣赏中国传统音乐。

三、曲乐结合，戏曲进校园

民乐是粤剧中不可或缺的一部分，学校通过创建粤剧社团与民乐社团，培养了学生对中国传统戏曲文化的兴趣，让学生了解到戏曲艺术与民乐的相关知识。为进一步传承、弘扬优秀的民族文化，深入开展"戏曲进校园"活动，学校将粤剧和民乐社团进行融合，通过两个社团的有机结合、相互影响，促进两个社团的可持续性发展，传承戏曲文化。

第一，戏曲文化学习普及化，营造校园戏曲学习氛围。一方面，充分利用校园广播、网络、黑板报、橱窗及班会等多种途径进行校园戏曲文化知识推广和宣传，让戏曲文化深入师生心中。另一方面，以学校艺术教育活动为载体，组织学生欣赏戏曲并进行展演活动，鼓励学生学习戏曲艺术和民乐演奏，提高演艺水平。

第二，戏曲文化学习常态化。将戏曲文化推广与学校日常教学活动相结合，同时开展常规的戏曲和民乐社团训练，训练方面循序渐进、由浅入深，促使戏曲和民乐人才脱颖而出。按照"低年段打基础、选出苗子，中、高年段出成绩"的队伍建设思路，把好苗子吸收到戏曲和民乐社团里，进行早期培养训练，同时在班级中树立典型，带动学生开展戏曲和民乐训练活动。

第三，戏曲文化学习课程化。开设戏曲学习课程，将戏曲文化融入学校艺术课堂教学中，把戏曲文化作为学校艺术教育课程资源。采取逐步推进的方式，使全校师生了解一些与戏曲相关的基本知识，能够唱规定的戏曲曲目，在全校范围内形成比较浓厚的戏曲艺术教育氛围。

第四，戏曲与民乐学习相融合。学校聘请校外优秀教师进行专业的指导，大力促进戏曲与民乐的有机结合，使传统文化的传承提升一个台阶，为传统的戏曲注入民乐的元素，激发创造活力。例如，学校在寒暑假期间安排短期的集训，粤曲分男、女生训练，民乐团分声部训练，适时进行合排。

第五，戏曲文化学习特色化。将"戏曲进校园"活动与学校文化建设相结合，成为推进校园文化建设、打造办学品牌的特色路径。同时，通过参加各种活动、比赛，提升师生戏曲水平，增加学校戏曲项目的文化积累，提高学校戏曲的区域影响力。定期在校内举办戏曲音乐节，邀请区域兄弟学校来交流，把学校作为戏曲交流的基地，为戏曲艺术的振兴作出应有的贡献。

"戏曲进校园"，将民族乐器和戏曲相结合，让100%的学生都参与戏曲传承活动。通过这样的活动，学校激发了学生对戏曲的兴趣，培养了学生高雅的文化情趣和审美素养，传承和弘扬了优秀戏曲文化，丰富了校园文化生活，促进了学生健康成长。

第四节　蹬噔舞团，踮脚摘星

沙湾小档案

蹬噔舞蹈社

蹬噔舞蹈社于2008年成立，坚持自愿参加、优生录取和普及年龄段的招收原则，召集一至六年级有天分的舞蹈爱好者。社徽如图3-21所示。

社团口号：放飞梦想，随心而舞。

社团的宗旨与目标：农村小学舞蹈教育存在师资力量薄弱、学生学习主动性不足、活动缺乏特色等问题，社团以问题为导向，以发挥学生主动性、创造性为原则，以加强学生舞蹈社建设为突破口，以"学生创编舞蹈晚会"为特色，探索农村小学舞蹈文化教育的新方法。希望学生在社团里尽情地放飞自己的梦想，听音乐就能随心起舞，在舞蹈中去感受音乐、理解音乐和表现音乐。

图3-21　蹬噔舞蹈社社徽

舞蹈文化教育是素质教育尤其是美育的重要组成部分，它不仅可以让学生具有健美的形态，还可以抒发情感和陶冶情操，促进智力发展，培养良好的心理品质。以舞蹈社团等为代表的学生社团是以学生兴趣、爱好为基础而组成的团体，对扩大学生求知领域、丰富学生内心世界及校园文化生活、推进素质教育具有重要作用。

"很多孩子喜欢舞蹈、学习舞蹈，但只会照着老师教的跳，如果换音乐、让他即兴跳，便根本没有办法跳。我认为这样不算会跳舞。我创编舞蹈社团，就是想让孩子们在舞蹈社团学习到欣赏、创编、享受舞蹈的能力。"舞蹈社团创办老师刘秀珠认为，学生能够随着音乐自由舞蹈，才算真正的"会跳舞"。因此，学校舞蹈社团的理念是"不忘初心，随心飞舞"。

一、学生自主创编

受制于师资力量薄弱、学生主动性不足、活动抓手单一、社团管理不规范等因素，当前农村小学舞蹈文化教育的覆盖面、特色化、实效性还不够强，突出表现为：第一，教学内容薄弱，学生只学到基本的舞蹈动作；第二，学习形式单一，学生停留在被动学的局面，只会机械式地完成动作，导致形神不一；第三，教学评价体系不够完善，对学生的考核评价仅局限于舞蹈技能的掌握，而对审美素质和情感素质等方面的关注较少；第四，教育效果不够理想，队员流动性大，学员怕苦怕累，娇气较重，学习成绩一般。

舞蹈是以肢体的律动引起观众共鸣的一种艺术，但肢体的律动不是简单的律动，要符合作品的情绪、形态、精神的表达，所以一个好的舞蹈作品能让观众引起共鸣，得到精神的洗礼。而编导一个好的作品，无疑需要编导们学会观察生活、欣赏生活、感悟生活，在任何地方、任何时候，都能够发现美、挖掘美、提炼美。为了所有的学生可以随心飞舞，舞蹈社团采用了创编的形式进行教学。跟普通的形式相比，创编方式培养学生学会观察各种事物、体验各种情形，并可以随心用身体语言表达出来。普通的形式只是模仿，谈不上创造和表达。相比于舞蹈技巧，刘老师更注重舞蹈的表达力。创编需要学生热爱生活、积极生活、观察生活、感悟生活。在创编的学习中，学生把生活、学习、历史等各种现实的人和事，甚至动物、植物融入舞蹈，再注入自己的理念，创造出属于自己的形式的舞蹈作品（图3-22）。学生在完成这些创编、排练、演出的过程中，获得了团队协作、组织领导等方面的感悟和能力，增强了自己组织团队、完成作品、创造美的自信心。但这对于小学生而言是有难度的，刘老师从来不会批评学生跳得不对、跳得不好。"在我看来，每个学生都有自己的特色。如果学生感觉学习和舞蹈训练产生了冲突，那么我会劝学生暂停两周的舞蹈训练，把时间合理分配好再来参加训练，并让同级的成绩好的队员对她进行一对一帮扶。这样学生在停训的时间里慢慢梳理，一般都可以重新调理好并顺利回归队伍。"

二、我的节目我做主

舞蹈社团以学生师徒结对、学生自主创编舞蹈为特色，走出了农村小学的舞蹈教学新路径。舞蹈社团除了组织学生参加比赛和文艺演出活动，还会举办全体舞蹈社团成员独有的文化节——学生自主创编舞蹈晚会。舞蹈社团的学生

图3-22 学生舞蹈

以师徒结对为单位,创编舞蹈节目进行演出和考核。在每学期初的全体社员大会上,教师会提出明确的活动规则,要求每个团队完成一个自主创编、集体认可的节目。

为了做到这一点,首先,社团实施"舞蹈队师徒结对"计划,推行"以大带小,以强带弱"的训练与激励模式,把舞蹈队教师教、学生学的传统训练模式转变成学生教、学生学、教师整体调控的新模式,充分调动队员的自律性和创造力。把跨年级的队员有机分成了近10个师徒结对小组,选拔舞蹈基础较好、经验丰富和责任心强的老社员担任"小老师",紧密关注徒弟的训练情况。每五个星期要求"小老师"对不同的徒弟、不同的情况,提出对应的训练要求和小目标,并在第五个星期五进行展示、考核。整个学期能让自己的小团队出色完成任务的"小老师"可获权增加徒弟人数,能达到"小老师"给自己制定的目标的徒弟可获得下学期做"小老师"的预备资格。

接着,在完成师徒结对任务之余,鼓励跨师徒结对、跨级组合或自己单独完成新的创编节目。为了让更多的队员体验参与创编的乐趣,锻炼学生整体调控创编节目的能力,学校鼓励开展形式多样的"我的节目我做主"舞蹈创编活动,激发社员的活力。如图3-23所示为舞蹈社学生的舞蹈创编。

最后,安排小编导们完成活动筹备、节目主持及PPT制作等任务,全方位激发优秀社员的潜能。每一期的"学生自主创编舞蹈晚会",从策划到筹备、彩排再到演出,都是小编导们在教师的指导下,带着全体社员克服困难、齐心协力而完成的。如图3-24所示为"学生自主创编舞蹈晚会"上学生团队表演自己创编的节目《守望麦田》。

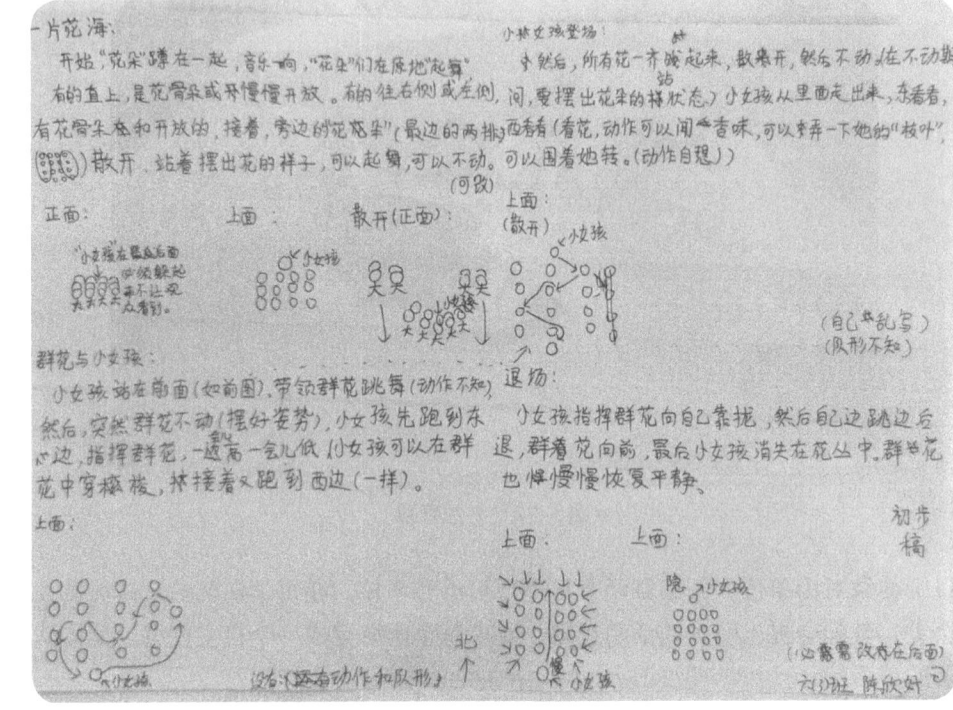

图3-23 舞蹈社团学生的舞蹈创编

图3-24 舞蹈晚会上学生团队表演自己的创编节目《守望麦田》

通过教师的悉心指导和师徒结对的推动（图3-25），大多数社员从一开始的零基础逐步成长为在小学阶段具有较好舞蹈基础和演出能力的小演员，部分

"小老师"的成长更快。例如，一个节目的编导从选音乐到确定主题，再到确定主题动作、动作编排、演员排练、作品服装选择、作品团队呈现，都是必要且连续、有序的环节，这些环节的完成充分锻炼了队员的舞蹈专业素质。

图3-25　舞蹈社团刘秀珠老师在指导学生进行基本功训练

跨师徒结对、跨级组合，增进了舞蹈队内部的友谊和紧密合作的关系，提高了社员的沟通能力。节目从开始到呈现的"权力"全部交予"小编导"，极大地锻炼了学生的组织协调能力。而师徒结对推动每个小组相互关心、包容，共同进步。创编节目让社员用心观察周围的人和事，用舞蹈展示自己想要让观众看懂的内容。这样亲身参与和全程记录的方式，增强了社员们的思维意识、总结能力和写作能力。

经过不断积累，以"学生自主创编舞蹈晚会"特色活动为主体的农村小学舞蹈社团建设取得了良好的成效。舞蹈社团成为学校较受欢迎的优秀社团，而"学生自主创编舞蹈晚会"也成为师生喜爱的优秀校园文化活动。

在社团师生的努力下，舞蹈社成员的专业能力得到提升，从一开始的零基础成长为在小学阶段具有较好舞蹈基础和演出能力的小演员。学生创编的舞蹈节目在各级比赛中屡获佳绩：2012年，自编舞蹈《芭蕉乐》获镇一等奖、区二等奖；2014年，原创舞蹈《忆往昔》获镇一等奖、区三等奖……社团的特色活动"学生自主创编舞蹈晚会"成为深受师生喜爱的校园文化活动；2015年11月11日，学校举行艺术特色项目活动，舞蹈队接受检阅，全国共有31家媒体前来探营。社员们多次在镇、区参加演出，在演出中收获了满满的自信，也更加热爱舞蹈。不仅如此，舞蹈社情感教育和文化教育的同步推进，使社员的综合素养得到了提高。2018年6月，舞蹈队六年级毕业队员共8名，囊括了级部187人期末考试中第一至第五名，实现了"文舞双全"。

第五节　百灵合唱，天籁童声

> **沙湾小档案**
>
> **小百灵合唱团**
>
> 小百灵合唱团创办于1999年，创建者为洪剑华老师，自2018年开始，指导老师为李梦婕老师。团徽如图3-26所示。
>
> 社团口号：展现天籁童声，塑造美好人生。
>
> 社团的宗旨与目标：让合唱在校园里生根发芽，让歌声传遍校园的每一个角落。

图3-26　小百灵合唱团团徽

百灵鸟叫声清脆，是喜欢歌唱也善于歌唱的鸟。它们常常在大草原上演唱，那些美妙的乐声连音乐家都难以谱成。"小百灵"是甜美好听声音的代名词，也成为沙湾中心小学合唱社团的美名。

一、让学生喜欢音乐

每个学年开学初，学生都争相加入小百灵合唱团。这个社团有什么魅力呢？学生天性爱玩，社团教师抓住他们的这一特点，在训练中采用快乐游戏的方式，如以肢体感受音乐、以步伐感受音乐、以感想感受音乐等，让学生感知音乐的节奏、速度、起伏、线条、情绪、结构，在轻松的氛围中全身心地投入训练。在训练中，教师还会设计一些音乐游戏让学生互相接触，体会团队的力量，让每个学生彼此都能成为好朋友、好伙伴，从而让合唱团训练氛围和谐融洽，让合唱团更能够发挥出它的合力，提高训练效果。只有让学生在训练中感受到快乐，学生才能感知音乐的美，更加热爱音乐，更加自信地表现音乐，甚至创造音乐。

每个学生都有属于自己的声音，为了帮助学生找到自己的声音，教师在训练中鼓励成员们展现各种不同的音色，也要求他们去模仿其他不同的音色。在演唱歌曲时，鼓励学生发挥主观能动性去发掘自己的声音，比如"这首歌曲应该用一种什么样的音色来表现呢"，让学生在感受歌曲和演唱歌曲的过程中去捕捉、去体会、去表现。

二、助学生建立自信

小百灵合唱团自成立以来,每周坚持组织团员训练,团员的基本功扎实,技巧纯熟。每年的校园文化艺术节都是小百灵合唱团绽放异彩的时刻,从独唱、表演合唱、小组唱到音乐剧,团员在舞台上以各种形式尽情展示个人才艺。社团还经常组织团员参与各种演出,成功举办了两场合唱音乐会——"香柏之春音乐会"和"中外合唱作品音乐会"(图3-27)。此外,学校定期举办"级际合唱比赛",促进学生对合唱的认识。

图3-27　合唱团音乐会

提起社团,教师们印象最深刻的是2017年的"国际指挥大咖驾到——世界青少年合唱艺术家协会合唱指挥公益研修班"。

2017年3月9日下午,"世界青少年合唱艺术家协会合唱指挥公益研修班"在我校电教室举办。前来授课的都是世界级的指挥大师,他们分别是世界青少年合唱艺术家协会会长、世界合唱联盟前第一副主席唐少伟教授,匈牙利合唱顶尖专家Dr. Zoltán Pad(佐尔丹·博迪博士)。作为示范合唱团,我校小百灵合唱团有幸得到两位大师的悉心指导,真是幸运又幸福。

活动中,佐尔丹博士给小百灵合唱团上了两个小时的闭门训练课。佐尔丹博士用他那丰富的语言、表情、肢体动作帮助孩子们纠正音准,并帮助孩子们找到正确的演唱方法。佐尔丹博士在训练中显得非常细心、耐心、专注、投入,对孩子们在音色、音准上的偏差,还有歌曲表达都要求得非常细致,没有达到要求就重新来，就是这样不厌其烦地纠错。

在不断重复练习中，孩子们终于跟上了教授的要求，音色和音准都有了很大的改善。佐尔丹博士以幽默风趣的辅导风格收获了大批的粉丝，孩子们在训练结束后排成一字长蛇阵向教授索要签名。

下午4点半，小百灵合唱团出现在研修班现场，由唐少伟教授亲自授课，为全区音乐教师作示范演唱。唐教授主要是从歌词出发，讲授歌曲的情感表达。情感表达的关键又在于如何理解歌词，如何从面部表情和眼睛里投射出来。

从下午2点到6点，孩子们第一次经历这种马拉松式的训练。这是一次难得的学习机会，国际级的指挥大师面对面授课，不论是老师们还是孩子们都收获满满。4个小时的训练，让大家更加懂得了如何唱好合唱，也找到了前进的方向。

为了进一步提升学生的合唱水平，学校在区教育局的支持下，定期邀请专家到校指导。学生们的演唱得到了专家的肯定，我国著名指挥家、音乐教育家杨鸿年教授曾对学校合唱队大加赞赏；中国音乐学院指挥系吴灵芬教授称赞学校学生音色敏感、声音自然甜美。2015年10月21日，我国著名指挥家、华南师范大学音乐学院副院长苏严惠教授指导学校合唱团的训练，苏教授用她极富激情的双手及诙谐有趣的语言深深吸引了社团成员。能够得到这些专家的专场指导，是学校小百灵合唱团引以为豪的事情。

多年以后，2017级1班的毕业生李汐玛同学回忆起小学的社团经历，是这样说的：

"小百灵合唱团"对于我的意义在于开启了我的音乐启蒙之旅。一进合唱团，听到老师弹奏的伴奏，以及看到学长学姐们扎实的乐理知识，让我产生了想要学钢琴的决心，也激发了我对音乐的喜爱。于是，进合唱团不久后我就开始学习钢琴并坚持了下来。在合唱团我学到的不仅仅是乐理，更多的是在团队里感受到快乐，陶醉在每一次练习、比赛的歌声里，以及团队合作后取得的成就与喜悦中。

在合唱团学的歌唱技巧，让我能自信参加各种演出及比赛，特别是2022年在李老师的指导下，我参加番禺区中小学音乐才艺大赛，演唱《明天，你好》获得了二等奖。

学生张媛也写下了《从小舞台走上大舞台》，回忆在合唱团的成长：

回忆起12年前刚踏入小学时稚嫩的自己，不禁感叹在小学的6年里我在校园里的一个个小舞台上不断展现自己、不断成长，才能让我在之后的6年里，一步步走向更高更大的舞台。

从三年级开始我就参加了学校的合唱团，每次合唱团排练时我总是担心自己会拖后腿而不敢大声唱，但老师常常鼓励我大声唱，在我有进步的时候表扬我。学校一年一度的艺术节让我有机会跟着合唱团一起上台表演，多次的上台表演经历让我不再畏惧舞台，渐渐地我敢于直视观众，与观众进行互动。合唱团的经历让我特别愿意表达自己，幸运的是老师们一直鼓励我上课回答问题，也不会因为我答错问题而指责我。久而久之我越来越擅长表达自己，也越来越自信。在六年级时，班主任杨老师让我参加一个演讲比赛。这是我第一次进行演讲，回家后认真学习了如何写好演讲稿，改了好几遍才确认终稿。比赛那天，站在熟悉的学校舞台上我丝毫不紧张反倒感到有些兴奋，非常顺利地完成自己的第一次演讲。最后我很幸运地获得了一等奖，顺利进入区赛。

区赛相较起镇赛环节更多，竞争也更大，这对于没有任何比赛经验的我来说无疑是一项巨大的挑战。何老师和杨老师耐心地教导我一步步完成比赛的准备，他们平时只能在授课之余挤出时间来进行指导，不管是写演讲稿还是准备个人才艺表演，老师和我都倾注了很多心血。在区赛时，我抽到了最难的题目，得益于我跟老师们对所有的题目都进行了充分的准备，我们顺利地完成了这一环节。最后我竟然进入了复赛，一开始我并没有对复赛抱很大的希望，但老师们还是极为认真地与我共同准备，学校也借出电脑室、舞蹈室给我准备比赛。没想到我又一次幸运地进入了半决赛。我们又马不停蹄地开始为半决赛进行准备，半决赛时在多次练习之后我表现得游刃有余，取得了第四名的好成绩，进入了总决赛。总决赛对我来说是更大的挑战：第一次辩论、第一次上台跳舞……四肢不发达的我开始天天在学校的舞蹈室练习开场舞，与老师请的同学们进行模拟辩论，在老师的指导下一次又一次修改演讲稿。这一次我不是站在学校的小舞台，而是在有着许多闪光灯照射和无数摄影机录制的大舞台展现自己，尽管最后并没有成功当选"羊城小市长"，但老师们带着其他同学们在观众席为我鼓掌喝彩的画面至今仍然历历在目，并一直激励我勇往直前。这一路看似很顺利，一个没有任何演讲经验的女生居然一路冲进了总决赛，但不管是赛前没日没夜的准备还是赛时老师们无微不至的关心和鼓励，有了这些经历才让我有底气从学校里的小舞台走向区里、市里的大舞台。

如今我已成为一名大学生，在离开小学的6年里，面对重重困难和无数的机会，我仍然保持着小学时的初心，敢于直面困难、抓住机会、展现自己，走上一个又一个的大舞台。每一次登上舞台，都要有如同登上曾经那个小舞台一样的自信，才能展现自己的最佳状态。

小百灵合唱团不仅是广州市番禺区中小学生优秀社团，还被广州市中小学生合唱委员会评为"广州市优秀达标合唱团"。这些年来，合唱团多次获得区、市级学校合唱节的一、二等奖，更是连续两届获得广州市合唱比赛一等奖。

除了合唱社团获得出色的成绩外，学校其他特色社团也佳音频传。例如，书法社团近5年在区千人书画大赛中获奖102项，多位学生参加省、市级书法比赛、汉字书写大赛获奖。古筝社团、曲艺社，成立的时间虽然比较短，但成员们在专业教师的指导下，多次参加各项民乐比赛和各类活动演出，包括古筝弹奏比赛、粤曲戏曲伴奏、学校艺术节演出等，其中有46人次先后在北京等地的比赛中获得一等奖，多位同学获得个人金奖。

第四章
美美与共,大道致远

> 俄国作家契诃夫曾说:"艺术给我们插上翅膀,把我们带到很远很远的地方。"沙湾中心小学扎根沙湾乡土,创建"和美教育",以"和而不同,各美其美"为核心理念,坚持"以美育人"数十年,走出了一条卓有实效的艺术教育之路。

第一节 向阳生长:小荷才露尖尖角

毕加索说:"每个孩子都是天生的艺术家,问题是怎么在长大之后仍然保持这种天赋。"作为广东省优秀传统文化传承学校,沙湾中心小学秉承"和美教育"的办学理念,开发立体化的艺术教育课程体系,创建各具特色的社团,开展丰富多彩的校园活动,打造鱼灯、飘色、民乐和粤剧等品牌项目。学校艺术教育滋养着师生的心田,引领着师生向阳生长。

一、向"美"而行,"艺"路繁花

湖南师范大学教育科学学院曹中平教授认为,对于儿童来讲,艺术就是一种游戏,只有儿童从中获得欢乐和愉快的体验时,艺术才能真正成为儿童的需要,并且被儿童所接纳。让每一个学生都能找到适合自己成长的舞台,这是沙湾中心小学艺术工作的追求。如何做到成就学生由兴趣向特长发展?学校把重心放在由普及向提高的阶梯式发展培养过程上。

(一)课程兼顾基础与选修、普及与提高,培养核心素养

为实现全校学生100%参与艺术学习,学校构建了立体化的艺术教育课程体系。从2009年起,学校开设选修课程,每学年由学生自主选定一个项目,每学期进行考核评价,通过一年以上的学习,促进学生对专项技能的学习与提升。当学生有了一定的基础,也对课程产生兴趣时,学校鼓励他们继续提升自己,加入特色社团。在社团活动中,通过"阶梯发展、竞赛提升"等管理策

略，做好社团训练管理，提升学生的个人能力。

在课程学习中，学生积极学习，享受艺术创作，完成了一批又一批的优秀作品。例如，版画项目中，每位学生每年可以完成至少8张作品；国画项目中，每位学生每年至少完成25幅作品；书法项目中，每位学生每年至少可以完成10幅作品；舞蹈项目中，学生每年自编的舞蹈作品超过10个。

在普及化的艺术教育中，学生的综合素养得以提升。以"爱上沙湾"研学课程为例，学生必须带着研学任务走出校园，与同伴共同完成研学任务。这充分体现了学科知识的融合，尤其是语文、数学、美术、音乐、体育知识技能的融合。学生在开展活动中通过调查、访问，对采访问题进行细化，列出采访提纲；在访谈中收集信息、整理信息，把有用的信息规范完整地记录下来，有效地帮助完成研学任务。具体来说，第一，提升学生的学科知识运用能力。有的研学任务需要运用数学知识，学生在完成任务的过程中需要调用数学知识来解决问题。第二，提升学生的策划和表达能力。学生在研学中深入认识和了解家乡，做家乡的代言人。如拍小视频推介家乡美食；为沙湾飘色写一句广告语或宣传语，向游客们展示沙湾艺术的魅力等。第三，提升学生的操作与探究能力。

（二）展示从校部到级部、选拔到普及，提供成长舞台

为给学生提供适合个性成长的舞台，促进学生个性发展，分享成长的喜悦，学校非常重视学生成果展示。学校每年都会举行艺术教育成果展示交流活动，每一位学生都能参与其中，展示自己的所学。例如，美术类举行作品展，展出版画、国画和书法等作品；音乐表演类利用学校小舞台进行现场展示；舞蹈班进行基本功和创编舞的表演，学生基本功扎实，动作到位，表情丰富；古筝班进行基本指法的展示与小曲的演奏，学生指法熟练，节奏掌握到位；合唱班展现美妙的歌喉，演唱一首首动听的歌曲。

学校最重要的节日，莫过于一年一度的艺术节了。它是全校学生100%参与的舞台表演艺术节。由于艺术节表演形式多样化，学生们真正感受到了艺术给生活带来的乐趣。

成果展示对于学生而言，一方面是对学生的鼓励和肯定，增加学生的成就感和自豪感；另一方面，是社团特色风采和发展成果的展现。以蒲公英版画社和粤剧社团为例，这两个社团在各级展示平台屡获肯定，充分展现了学校学生的青春风采，打响了"和美教育"的品牌。

近年来，蒲公英版画社参加过的大型展览有：由中国美术家协会主办的首届"东海·全国少儿版画双年展"和首届"全国少儿美术教育学术展"。这两个展览是全国中小学生最高级别的美术展览，最终社团共有23幅作品入选，

并有 6 幅作品被评为优秀作品。另有学生的版画作品入选《第二届全国少儿美术教育学术展作品集》（图 4-1）。

图 4-1　学生入选作品

2013 年 11 月，由课题组策划的"2013 年沙湾镇中小学生专题美术作品展"在沙湾古镇的佑启堂举行。这次展出的作品内容都是围绕沙湾本土文化进行创作的，大部分作品是课题组教师开展课题研究后的教学成果，其中包括沙湾中心小学的古建筑版画。这次展览吸引了多个外国团体参观，也受到国内多名少儿美术教育专家的关注。

2015 年 5 月 31 日，蒲公英版画社成员的 60 多幅作品亮相以"放飞心灵，成就未来"为主题的第二届"中国·西安国际少儿美术节"，且备受瞩目。图 4-2 为在"中国·西安国际少儿美术节"上展出的学生版画作品。

图 4-2　在西安亮宝楼展出的学生版画作品

此外，社团成员积极通过比赛与其他成员相互交流学习，收获了共同成长。这些比赛包括"广东省首届中小学生版画大赛""广东省第六届中小学生艺术展演广州市选拔赛""广州市第五届学校艺术节比赛""乡情、墨韵、意趣——2009年广州市学校美术创作评比活动""广州市番禺区'上品教化、墨韵飘香'师生美术书法创作比赛活动"等。

而学校的另一个社团——粤剧社团也在各类比赛中屡获嘉奖。2015年，作品《彩云追月》参加番禺区的曲艺展演获得好评，两位学生在番禺区曲协的年度总结大会中荣获优秀演出奖，学校被授予"番禺区曲艺协会戏曲传承基地"称号。2016年，作品《家乡美如画》参加第一届番禺区少年戏曲大赛荣获三等奖。2017年，作品《过马路》参加2017番禺区少年戏曲大赛（演唱类）荣获区铜奖，作品《千曲融汇敬师情》荣获区银奖。2018年，折子戏《花好月圆》参加2018番禺区少年戏曲大赛荣获铜奖；折子戏《花好月圆》受邀参加番禺区第十一届星海艺术节系列活动之"幸福剧场"番顺少年戏曲精选节目交流展演，在第三届"羊城学校美育节"评比中荣获一等奖。2019年，作品《花好月圆》参加广东省少儿戏曲小梅花荟萃活动荣获银花奖，黎宝婵老师执教的《认识粤剧行当》参加首届广东省"戏剧进校园"教学公开课评比活动荣获三等奖。

教师和学生的作品不仅受到艺术界、教育界的认可，还得到了广大媒体的关注，对师生的相关报道多次见诸主流媒体。例如，《音乐泰斗给孩子授课》刊登于《广州日报》，《让孩子们开心地歌唱》《有"版"有眼 童真童趣》《民俗文化走进小学校园》《非物质文化在校园传承》《和美教育 让学生快乐成长》发表于《番禺日报》。下面选取的是《番禺日报》对版画课程之"当版画遇上纸袋"的报道。

当版画遇上纸袋

番禺日报社在暑假向全区师生征集书画作品，赖国华老师向报社发去了一篇创意版画教学案例《当版画遇上纸袋》，并附上一批相当有特色的作品。这种印在纸袋上的版画作品，一下子就吸引了记者的兴趣，记者对赖老师进行了采访。

为什么会有此创意？赖老师解释，版画和其他画种一样都有技法的学习，比如说学习凸版。技法的学习恰恰是枯燥的，学生经过一段时间的学习，就会觉得无趣。特别是对学校版画艺术选修课的同学来说，一年的课程，如何保持学习版画的兴趣尤其重要。这次的"当版画遇上纸袋"课程，设计的初衷就是让他们把版画这种形式结合到环保纸袋上，打破版画只印在画纸上这种常规的思维,让本来"无趣"的版画变得有趣。

赖老师介绍,课堂上,他给同学们每人提供了一块树脂板、一个空白纸袋。要求只有一个,就是让这个普通的纸袋变得不一般。课堂上,同学们的学习热情非常高涨,大家都想设计一个与众不同的图案,因为他们都想提着它在大街上走,它是独一无二的。最后,在赖老师的指导下,学生完成了纸袋作品的制作(图4-3)。在很长一段时间里,沙湾中心小学校园里经常可以见到学生提着自己设计的纸袋。"我很欣慰。"赖老师笑着对记者说。

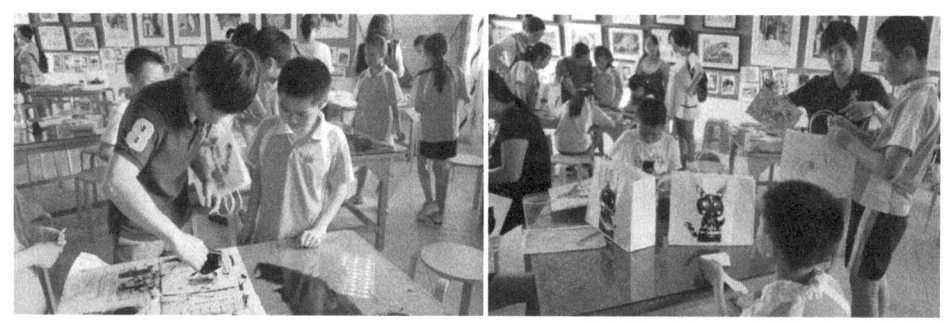

图4-3 赖国华老师指导学生制作纸袋

(三)传统文化特色化,树立文化自信

2017年12月28日,习近平总书记在中央农村工作会议上指出:"我们要深入挖掘、继承、创新优秀传统乡土文化。要让有形的乡村文化留得住,充分挖掘具有农耕特质、民族特色、地域特点的物质文化遗产,加大对古镇、古村落、古建筑、民族村寨、文物古迹、农业遗迹的保护力度。要让活态的乡土文化传下去,深入挖掘民间艺术、戏曲曲艺、手工技艺、民族服饰、民俗活动等非物质文化遗产。""传统文化+教育",使传统文化焕发出新的生机。例如前文提到的"爱上沙湾"系列研学实践活动,通过"寻找铁牛,感受厚实的农耕文化""品尝美食,解读暖心的孝道故事""寻访名人,感受热爱祖国的情怀""欣赏艺术,感受家乡文化的魅力""走进企业,开启人生职业规划"几大内容,打造"寓教于游,寓学于游"的研学课堂,让学生在"行走的课堂"中了解沙湾、走进沙湾、传承沙湾文化。

知识无处不在,课堂也不止学校里有。学校的艺术教育不只是教知识、教技艺,沙湾中心小学以改革创新的魄力,通过各种艺术活动,让学生通过亲身实践以行促知,全面认识沙湾本土文化,并使学生受到独具岭南特色的沙湾民俗文化的浸润,让"沙湾民俗文化"在学生心中扎根。

（四）资源平台协同化，广获家长认可

作为番禺区学校家庭教育示范学校，学校积极推进"学校—家庭—社会"协同共育机制，与家长一起"和美"共育。建设家校平台，是学校发展艺术教育的重要一环。对于小学生来说，家长对艺术教育的理解，往往决定着学生能否参与艺术教育课外课程的学习和实践。这涉及家长对艺术课程的观念理解、对学生兴趣的了解、对素质教育的认同等。为此，为推进艺术教育，学校在家长层面做了许多工作，让家长成为学生艺术学习之路的支持者，让家庭成为学生的后盾。

一是通过家委会形成家长组织。家委会在护安护畅、课程融入、学习引领、活动参与、队伍建设等方面，为家校平台的建设发展和家校课程的实施提供了优质的合作资源。每学期，家委会都会举行工作会议，共商共议学校发展。多年来，学校家委会拥有多位具备专业素养的家长，运作良好。家委会积极参与学校"乐玩"课程，烹饪、烘焙、花艺、DIY四门家委"乐玩"课程得到不断发展。此外，家委会积极引领家长学习，开展各年级的家长论坛，开展正面管教，融合教育家长专题学习，让家长获益匪浅。

二是开展家长学堂。学校通过"羊城家长学堂"的优质资源，向家长推送学习资源，宣传家庭教育政策和科学的育儿理念，促进家庭教育发展。此外，学校积极举办家庭教育宣传周系列活动。系列活动涵盖面向教师、面向家长、面向学生的内容，通过多种形式开展家庭文化建设与家校共育活动。例如，组织开展面向全校师生的国际家庭日主题教育活动，组织开展全校的家庭教育主题班会，积极推送致家长的信和家庭教育的学习资源，举办家长主题沙龙，举办面向全体教师的家庭教育指导培训，开展系列家庭作品征集等活动。

三是家长积极参与学校艺术活动。例如，在每一届的校园文化艺术节中，为了让学生美丽、自信地展示自己，家长们不遗余力，从排练节目到选购表演服，再到道具的准备，都给予了学生极大的支持。活动当天，各班家长有的帮忙化妆，有的帮忙组织学生候场，有的协助搬道具，有的管理现场秩序，还有的与学生一起参与到表演中，感受艺术的快乐。家长们这些行为，减轻了教师们繁重的工作负担，让学生靓丽出场，真正意义上体现了家校"和美"共育。

沙湾中心小学六（5）班杜钰萱的家长孔环丽在学校艺术教育中便受益匪浅：

我的两个女儿都就读于沙湾中心小学，学校提供了多元化的艺术体育课程给孩子们自由选择。姐妹俩都选择了加入学校的击剑社团和合唱社团。由于合唱与击剑训练的时间是冲突的，孩子参加完合唱再去击剑训练经常迟到，没少被老师和我批评。教练投诉到我这，因此孩子也被我骂了不少，我多次游说孩子只选择一样坚持学就好了，但她们两样都很喜欢都不想放弃。我和孩子商

量要不就不报合唱了，因为这样两边都需要请假或早退，经常这样老师也有意见，但她们尽力说服我并继续参加了合唱社团，并保证合唱训练完马上就去练击剑，但有时难免还是会迟到。看着她们那像犯错的样子向我解释着迟到的原因，我又好气又好笑又无奈。其实我一直不支持她们学两样是不想她们那么累，看到她们一直坚持平衡着两门课程的训练，并且乐此不疲，我由衷感叹那是孩子的真爱吧！只能是默许。孩子的努力最终换来了每年能参加学校合唱社团的各种比赛并获奖，还有能在学校每年举办的艺术节的舞台上展示自我。每年的艺术节是她们所期盼的，而且每次还积极地参加多个节目，有学校合唱社团表演，还有班上的合唱表演，再有几个同学自发组织的唱歌或小品表演，前期她们都好用心地排练。学校放学后的时间首先要配合合唱社团老师的排练，还有班上全班同学的合唱表演排练，自发组织的节目几乎没有多余时间排练了。几个女生只有挤出课间时间或在周末排练，艺术节前她们忙得不可开交，我也曾劝过她们不要报那么多。因为每年艺术节前要帮她们在击剑教练那里请好多假，以至于我都不好意思和教练开口。

看到孩子那么积极地排练，为的是能在艺术节的舞台上表演，因此，我从开始反对她们学合唱到理解她们，最后到支持她们配合她们，成了姐妹俩最坚定的支持者，比如需要买什么衣服、鞋子，或租或借，还有帮她们化个美美的妆，为的是让她们开开心心地站在舞台上。虽然唱得并不怎么样，但看到她们乐在其中，台下的我内心也在为孩子喝彩。因为她们在台上那几分钟，是她们很投入、很努力、很不容易争取来的。所以，非常感谢沙湾中心小学的艺术教育给到孩子们这么好的舞台。我家的孩子不爱跳舞，从幼儿园跳到三年级还是果断放弃了，但在沙湾中心小学"各美其美"的艺术教育中培养了她们唱歌的爱好，让她们能在沙湾中心小学的舞台上自由绽放、快乐成长，在心中播下了音乐的种子，培养了唱歌的兴趣爱好。大女儿直到现在上初中也一直坚持合唱，有时看到两姐妹一起听着音乐哼着小调，我的心情也跟着欢快起来，相信这个兴趣爱好会一直延续到高中、大学并伴随她们一生。在这里再次感谢沙湾中心小学的"和美"艺术教育，感谢冯老师、李老师成为她们音乐的启蒙老师。

姐妹俩在小学6年里也一直坚持训练击剑，击剑运动能培养孩子坚韧不拔的意志，提高勇气、胆量，改善思维模式，促使身体协调、各方面综合发展。她们收获了健康的体魄，也获得番禺区或广州市的多项奖项，妹妹更是连续4年获得番禺区青少年击剑锦标赛个人赛佩剑第一名，以及"朱俊杯"公开赛的第一、第二、第四、第五的优秀名次。在这里，非常感谢沙湾中心小学击剑社团的陈教练和黄教练对孩子们的用心教导，感谢他们培养孩子并且让孩子获得如此优秀的成绩。

我记得2016年3月份，也就是大女儿一年级下学期，是沙湾中心小学第十七届校园文化艺术节前期筹备期。学校的"和美教育"非常提倡家校共育，鼓励家长参与艺术节的节目《中国美》的舞蹈。当时我们班上的家委组长发了一个报名接龙，几天了没有一个家长报名，因为大家都不会跳舞不敢上舞台，我也是一样。后来到了接龙快截止了仍没有一个人报名。我们班的家委组长又在班群里追问有没有家长能参加的，别的班的报名表都已提交了，我就在群里说我报一个吧！但不会跳舞行不行？家委组长说可以的，有老师排练。当时只是为了完成班上的任务，也为了更好地陪伴孩子成长，给孩子树立榜样。就这样，我一个没有任何舞蹈基础的人第一次走进沙湾中心小学艺术节的舞台。记得当年学校领导们还经常来视察排练成果。那是一个大型的舞蹈，报名的有几十个家长，从召集开会到排练，再到演出，准备了一个多月的时间。个别在较远的地方上班的家长实在赶不上排练，也有因工作需要临时要出差的以及其他各种原因无法每一次参加排练的，无奈都只能在中途退出，但大部分家长都很不容易地坚持了下来。有些做幼儿园老师的家长因为要加班，经常饿着肚子赶过来排练，也有好多妈妈带着孩子一起来排练，一群孩子就在舞蹈室的后面写作业。孩子们有时难免也会追赶打闹，这时候妈妈们朝他们河东狮吼几句，然后自己又在那里专心练习那优美的舞姿，那场面真的很热闹。经过大家一个多月的共同努力，家长们从零基础到登台演出，获得了学校嘉宾们的一致好评。也正是因为那一次的艺术节家长参加跳舞的经历，一个班的家长都相互熟悉了，更加积极参加学校的各项活动，并一连参加了几届艺术节家长舞蹈节目。表演的节目有力量型的打鼓（由于男家长不够，有些女家长也有参与），有家长旗袍秀，也有亲子旗袍走秀……就这样，我在小孩二年级的时候，积极地参加了校家委选拔并加入乐玩助教队伍，同时加入了自愿站岗的义工队伍中。那时刚成立路队护安护畅义工队，站岗既不轮班也不轮学号，全凭在群自愿接龙，到后来慢慢发展到轮班，再后来才到既轮班也轮学号。就这样，在经历几次艺术节舞蹈排练后，中心小学的家委团队越来越团结友爱，也越来越有奉献精神。那时如果当天乐玩哪个部门缺人，或当天站岗的哪个岗位需要人，只要在群里一说立刻有人秒杀接龙，秒慢了都没有机会。当时的氛围也深深地感染了我，我也很乐于奉献自己的时间去参与各项活动。我从中也体会到了对孩子的影响，孩子也变得越来越自信，学习习惯也越来越好。这些年做家委也影响到我对家庭教育的认知，内心生起了"尽我所能做个好妈妈"的责任感，陪伴孩子成长是我人生中最重要的责任。因为我希望我的孩子有一个快乐的童年，所以我尽量陪伴孩子成长，在这个过程中我还收获了非常宝贵的人生经验，结识了更多优秀的家长，让我在育儿路上少走弯路，也让我个人获得成长，成为一位更加成熟、有责任心的妈妈，同时也收获了两个我自认为优秀的孩子。

我在想，如果不是当初受到学校"和美教育"艺术节氛围的推动，学校鼓励家长参加学校艺术节跳舞,也许我就不会积极参加校家委,陪伴孩子成长的意识也没那么强,那现在是怎样的结果?

现在看似我陪伴了孩子成长,实则是孩子成就了我的成长。

学校倡导家校共育、协同育人,先是家长陪伴孩子成长,然后家长实现自我成长,到最后收获了和谐的亲子关系。家校共育引领家长成长,引领家庭成长,也引领了社会进步。

在一系列家校资源平台的建设和实施下,学生家长越来越了解学校的教育工作,了解学生在校的生活;越来越明晰学校"和美教育"理念及其课程的培养目标。家长们的支持和加入,为学校的艺术教育增添了强大的动力。我们更加有信心,把美真正种在学生的心里,让美育之花绽放校园,从而塑造"和美"少年。

二、"育"见未来,以文化人

在"和美教育"理念指引下,沙湾中心小学的"和美之树"结出了香甜的"和美果实",让师生共同为之唱起赞歌。同时,"和美教育"理念和"和美教育"实践所取得的教育教学成果,日益受到社会各界的关注,得到专家学者的认可,家长们纷纷点赞,媒体也争相报道。沙湾中心小学成为番禺区沙湾镇人民"家门口的好学校"。

沙湾中心小学的学子们在"和美教育"理念下,每天沐浴在润物无声的"和宁"校园中,享受着"和慧"教师春风化雨般的爱,在"和融"课程和"和悦"课堂中享受着学习的快乐,在"和善"友伴和"和乐"社团中展现不一样的自我,体验不一样的乐趣和成长。

以1998届学生吴栩茵为例,她报名加入冯耀堂老师的美术兴趣小组,在冯老师的用心与坚持下获得成长,并最终以美术为专业,考上清华大学美术学院学习染织服装专业。她至今仍然时时感念和追怀冯老师的培养,在获知母校沙湾中心小学入围"走进广州好教育"系列丛书出版计划后,还专门写来了感谢信,感谢母校的教育与冯耀堂老师的栽培。

感谢我的小学老师

回想小学的求学之路,我十分感谢学校给我提供了良好的学习土壤,还要特别感谢我的美术老师——冯耀堂老师,是他引领我一步一步认识和爱上艺术创作,为我圆梦清华打下了基础。

我还清楚地记得第一次接触绘画的情形。那是在五年级第二课堂上,老师发了一张空白的画让我们填色,那时的我连小鸟、树叶、花朵是什么颜色都不确定，最后是如何完成这个任务的已经不记得了，但我能确定自己是从那时起喜欢上画画的。于是，每个星期的美术课成了我最期待的课程。无论晴天还是雨天，我都会带上全部绘画工具，认认真真地把画画好，享受其中的乐趣。

后来，老师指导我专门学习国画，还安排我参加一些小型的比赛，虽然名次一般，但还是鼓舞了我学画的热情。更重要的是，小学打下的绘画基础对我高中的学习和考学都起到了很大的作用。高考前，我到北京学习画画以更好地参加专业考试。刚走进画室，其他同学的画作一一呈现在我的眼前，我顿时感觉一片迷茫。无论色彩、素描还是速写，跟以前在学校学的完全不一样，这就意味着即便你再厉害，也要在最短的时间内重新学习。还好，扎实的绘画基础让我很快适应了这些变化，最后还真的考上了清华大学美术学院！其实，小学6年的学习打下的基础，就像植物抽芽，虽然一时无法看到最后的结果，却是极其重要的培养人生内在力量的时刻。你所做的一切，都会渐渐释放在自己的整个人生中。世界上除了我们的父母，还有一群默默为我们付出不求回报的老师。这里我要特别感谢我的小学美术老师——冯耀堂老师，是他教会我如何一笔一画描绘这个大千世界。我还要感谢麦玉贞老师和韩小燕老师，是他们的鼓励，让我在成长过程中安心地坚持着每一件自己喜欢的事情。

在沙湾中心小学的艺术教育下，学生们获得了实实在在的成长和收获。除了1998届学生吴栩茵，2008届学生郭舜尧也说出了自己对沙湾中心小学艺术教育的感受。

我于小学三年级左右加入了沙湾中心小学的版画社团，在版画社团中接受赖老师和冯老师的指导，学习了运用吹塑纸来制作版画。目前，我已是番禺区的一名美术老师。在参加工作的这些年，有幸参与了其中一次区教研活动，活动内容正是赖老师讲授的版画技法。我发现，目前的版画工具已经和我小时候使用的工具大不相同了，而且刻画的效果也比吹塑纸好很多，画面也变得更加细致。我从中感受到即使是版画也可以尝试利用不同的工具来实现，而在我的美术教学中也需要多发掘新的绘画材料，激发学生的乐趣以及开拓学生的眼界，不能停留在基础的绘画学习当中。在日后的教学工作中，我也想尝试让学生感受版画的魅力，让这一有趣的画种走进每一位孩子的心中。

郭舜尧现已成为市桥富都小学的一名在编美术教师，与恩师同行，正奔赴在以美启迪学生人生的美育之旅上。这一切离不开学校美术教师冯耀堂、赖国华的努力。在冯耀堂老师的自述中，他认为，自己是孩子艺术道路上的跳板，多年来坚守在美术教育的一线，让他与学生发生了许多温暖、积极的故事。这些与学生相处的记忆,也让他更加坚定地成为孩子艺术之路的"点灯人"。

我是孩子艺术道路上的跳板

作为一名有着28年教龄的普通小学美术教师,我三十年如一日地、勤勤恳恳地做着美术教育教学工作。虽然工作平凡,但与学生的相处之中也留下了令我印象深刻的故事。

阳阳(化名)同学是2014届版画社团的毕业生,她以优异的美术专业成绩和文化成绩考到了市桥侨联中学美术特长班。在经过三年的系统专业学习后,2017年又以优异的成绩考上了象贤中学,在她追求的艺术之路上继续前行。在优秀老师的指导下,她的专业技能进步更快。她的理想是考上一所重点的美术院校,在自己喜欢的美术领域深造,实现自己的理想。

阳阳同学在一年级时的美术课是由我任教的,我对她印象特别,一是因为她的母亲也是一位美术老师,平时我们都有交流;二是阳阳上课时总是喜欢低下头,不管你讲什么,有什么好看的图或视频,她都不会去关注,只是在她的图画本上画画,也很少跟同学交流。很奇怪,虽然她好像没听课一样,但每一次的课堂作业她都完成得非常好——她有无限的创意,用线自如流畅,用色大胆活泼,构图新颖独特,跟其他小朋友的画完全不一样。有时候她画完了课堂的作业,也会画自己喜欢的题材,她最喜欢的就是画卡通小美女。很多次,我都会拿她的画进行点评表扬,但她比较害羞,很少看到她笑。后来,我跟她妈妈交流反馈阳阳上课的情况才了解到,原来因为很多同学都嘲笑她长得胖,导致阳阳从小就有点自卑心理,不愿意跟人说话,只能通过画画来表达自己的想法。

在弄清原因后,我就有针对性地对阳阳进行心理疏导。第一,我注意到平时其他同学对她的语言攻击,在课堂上便利用一些漫画和图片对全班同学进行正确的引导,让他们学会尊重。第二,课堂上提问时,我会特意叫阳阳来回答,一开始她一句话都不说,只是低下头显得很紧张,但我还是会表扬、鼓励她。后来次数多了,她也慢慢习惯了,终于可以说出自己的想法,她可以在全班同学面前回答问题了。第三,因为她画画很好,每一次我都会展示她的画,让其他同学来学习欣赏,也会让她说出自己的画的构思,让其他同学点评她的画,给她鼓励,她开始不怕与同学交流了。第四,每个学期末,我会收集她的课堂作业和课余画的画,在美术室为她举办一个简易的个人画展,让学生都能欣赏她的画,增强她的自尊心。第五,鼓励她参加每年一度的校园文化艺术节,不单单参加个人项目的绘画、书法和手抄报比赛,还跟班主任沟通让她与同学一起出墙报参加比赛,为班集体作贡献,培养她的集体荣誉感。通过一系列的引导,阳阳同学不再自卑。因为大家都欣赏她的画,佩服她的创作,她成为一位比较自信的小女孩了。我经常跟她说，胖小孩一样可以活得精彩，只要自己有能力，别人一样尊重你。自此，她不再介意别人说自己的身材了。

因为阳阳在美术方面很有天赋，为了让她得到更加系统的美术培训，学习更多的绘画技能，在四年级时，我鼓励她加入了学校的蒲公英版画社。从此，她正式成为版画社一员，在我的引导下接受系统的训练，学习更加有效果。由于版画制作有别于一般的平面绘画，制版、刻版和印刷都需要有较强的动手能力。一开始，阳阳同学由于对版画制作不熟悉，制作的版画作品质量一般，她自己非常不满意，多做几张后，感觉更差，越来越没有信心，后来更加不敢动手。为此，我多次找她谈心，分析她版画制作质量不佳的原因，并提供一些优秀的版画作品给她欣赏，为她讲解制作的技能技法，在她制作版画时给予更多的关注与引导。后来，她的版画作品有了不少的进步，慢慢地，她恢复了对绘画的热爱。她特别喜欢版画中的黑白灰关系，特别喜欢版画印刷出来的肌理效果。每天的训练时间，阳阳都会准时出现并马上投入创作，不会随意浪费时间。由于每次的培训只有45分钟，而制作一张版画作品又需要较长的时间，阳阳同学为了多出作品和早点看到作品效果，她经常把版画带回家制作，完成后再带回学校进行印制。

由于阳阳同学绘画基础好，并有一定的创意，每幅画都有自己的想法。后来，版画社团的教师便带阳阳参加一些比赛，以促进她专业技能的提升，让她体验比赛带来的快乐；有机会也会带她去观看画展，提高她的欣赏水平。每个学期版画社也在学校举办版画作品展，让她的作品得到展示的机会，让全校师生都为她的作品点赞，提高她的自豪感，增强创作动力。经过三年的版画学习，阳阳同学取得了一些成绩，多次获得区级以上的奖励，其中《沙湾文化》作品入选"第二届全国少儿美术教育学术展"并在全国各地巡回展出，她还被评为番禺区中小学生社团文化节优秀社团干部。

阳阳在我耐心的教导下，通过自己的努力走上了追求艺术的道路。衷心希望她能实现自己心中的理想，在艺术道路上越走越远。也希望有更多像阳阳这样喜欢艺术的学生能坚持下来，为实现自己的艺术梦去努力拼搏。

我会在这条道路上成为他们迈向成功的跳板，让他们跳得更高、更远。

冯耀堂老师笔下的阳阳就是2013届毕业生阳蓝，后就读于广东工业大学的视觉传达设计本科专业。在她心中，加入版画社团是改变她人生的重要节点，在版画社团的体验给她心里埋下坚定学习美术的种子。

在小学6年的时光里，我在沙湾中心小学的日子过得非常充实，也收获了很多与课堂上所学的东西不一样的知识。因为我在那6年的时光里加入了版画社团，那段时间版画伴随了我成长。版画社的冯老师和赖老师是我学习美术道路上的启蒙老师，他们给我打开了学习美术道路的一扇大门。那段时光里，我放学会经常去版画社和其他同学一起刻作品、拓印作品；还会偶尔边刻作品边聊天，结交和自己一样喜欢美术的同学。在那段时光里，版画让我获得不少自信和快乐。跟随版画社团我参加了比赛，获得不少奖项，还会去沙湾古镇摆摊，这让我获得了被认可的感觉。在版画社的种种体验，都给我心里埋下坚定学习美术的种子，更让我感受到美术带来的快乐。那段时光是我软、硬实力成长的关键期，版画是我在艺考和高考道路上的一个精神支柱，还给我提供了一些未来学习美术的参考方向，也让我学会了静心。我现在在大学里选择了学习视觉传达设计专业，虽然不是纯艺，但是无处不在展现曾经加入版画社带给我的思考。版画的刻画手法也会被运用在设计之中，可以灵活贯通，例如，有时在上专业课做海报或者一些品牌包装的时候，我都会想到曾经触碰过的版画，想将它们的元素注入设计当中。有时在没有设计想法时，版画的方向也潜移默化地给我提供一丝灵感。在版画社，老师给我在儿时打下的审美基础对学习设计十分重要。总之，加入版画社团，是我成长路上不可缺少的一部分，对我的学习与成长都至关重要。

毕业生陈晓琳同学在回忆小百灵合唱团的培训时认为，在社团不仅收获了满满的友谊，更重要的是，社团辅导教师洪剑华的教育让她受益终身。她说："洪老师风趣幽默，为人亲切爽朗，合唱团的同学们都很喜欢他。也正因为有这样的好老师，小百灵合唱团才能在市级比赛中荣获一等奖的好成绩。感谢您洪老师，您在我的成长路上不可缺少。"

2017年5月5日，已经成为女团明星的舞蹈社团老队员张嘉欣回学校给团员上课，同学们都争着要签名（图4-4）。

图4-4　舞蹈社团老队员回学校给团员上课

波士顿学院教授理查德·卡尼认为，叙述故事就是将时间从零碎的时刻与个人无关的消逝向一种模式、情节、神话转变，从而将时间人格化。赵汀阳先生说："文化是一个故事。"讲述故事，即讲述文化。中国现代教育专家成尚荣说："犹如文化是一个故事，教育也是一个故事，是一个个教育行为编织的故事，这一个个故事中透析着儿童立场的密码。"在沙湾学子的一个个故事中，爱与成长一路同行，教师们用真心、爱心、耐心将每一位学生的成长之路洒满阳光，让他们在广阔的舞台上发光发亮，成就自己的人生。

第二节　逐光而行：春色满园关不住

沙湾中心小学在"和美教育"的核心理念引领下，将艺术教育视为特色建设的璀璨亮点，通过精心规划的课程体系与活力四射的社团活动，积极塑造并强化学校的艺术教育特色，进而提升学校的品牌知名度与美誉度。尤为重要的是，学校巧妙借助沙湾文化的深厚底蕴与地缘优势，长期致力于将沙湾古镇丰富的乡土文化资源融入日常教学之中，以求实现传统文化的校园传承与时代创新。

一、教学创新：满眼生机转化钧

（一）名家进校，引领高层次发展

传统文化的学习和传承，需要有专业的指导，才能知其貌、明其理、懂其道、践其行、传其魂。在发展各个品牌项目的过程中，学校积极邀请专家到学校给学生上课，例如邀请鱼灯传承人张镇生、番禺区第三批非物质文化遗产（沙湾飘色）传承人黎伟明等多次指导学生创作，聘请广州市粤剧传承人吴非凡老师担任学校粤剧社的指导老师，多次亲自指导学生排练。

许多音乐、美术方面的教育专家、教授经常到校来指导学校教师开展教学研究，与学生面对面交流。如学校先后邀请了著名版画家郑爽教授、李全民教授，以及全国美术教育专家谢丽芳和侯令、著名美术教育家简志雄、广州美术学院陈卫和教授、广州市美术家协会常务副主席黎日晃、中国儿童题材画十佳画家梁培龙、广州市美术教研员陈玉萍、广州市中小学美术教研会名誉会长罗开源、番禺区教育局体卫艺科林赛娥科长等到学校指导版画教学。

学校多次邀请了华南师范大学音乐学院院长苏严惠教授、王朝霞教授到校指导，学校合唱团还作为番禺区合唱队的代表，在区举办的合唱指挥大师班上

接受中央音乐学院指挥系杨鸿年教授、中国音乐学院指挥系吴灵芬教授的现场指导。国际合唱联盟第一副主席唐少伟教授，匈牙利合唱顶尖专家佐尔丹博士都到学校对学生进行过合唱教育指导。

一艘船航行，需要根据目标位置、海流和风力等因素来确定航向。学校艺术教育的建设和发展，需要根据校情、学情、师资和各种保障来确定蓝图。专家们的莅临和指导，使学校师生得到了指引，更为学校的艺术教育明确了方向，擦亮了学校艺术教育的名片。

（二）课题引领，深耕乡土文化创新

教研活动是科组建设中尤为重要的一环。它是以促进学生全面发展和教师专业进步为目的，以学校课程实施过程和教育教学问题为研究对象，以教师为研究主体，以专业研究人员为合作伙伴，以校为本的实践性研究活动。近年来，小学基础教育课程改革稳步推进，这把教师的专业成长问题提到前所未有的高度；教师学习能力的提高，显得比以往任何时候都更加重要。

在教学研究中，课题研究活动是极为重要的一部分，它能够促进教师专业成长，促使学校教育教学创新改革。随着新课程改革的深入推进，教育教学工作的模式由"经验型"转向"科研型"，重在通过课题研究解决教育教学中发现的问题，提升学校整体教研能力和办学水平。2014年，沙湾中心小学的课题"沙湾民俗文化融入国家课程校本实施的研究"成功申报成为教育部重点课题的子课题，将乡土文化资源融入国家课程新途径的探索推上了一个新台阶，为探究其调适与创生的操作策略搭建了宽广的平台。融入课程的最大特色就是把乡土民俗文化融入国家课程中，让学生的学习与生活得到紧密联系。这样一来，既丰富了国家课程的内涵，提升了国家课程的实施成效，也在增强学生的学习兴趣、培养学生热爱家乡的情感方面有所突破。近年来，学校教师围绕沙湾民俗文化开展的课题有10个（表4-1），共发表论文38篇，区级以上论文获奖25篇。

表4-1　各学科围绕以乡土文化课程建设为主要内容开展的课题项目

课题名称	课题主持人	批准单位	立项时间
基于沙湾文化的"和美教育"特色课程建设的研究	谢锦棠	广东省教育科研规划领导小组	2016年5月
和美教育理念下的特色课程建设的研究	麦志亮	广东教育学会学校特色研究专业委员会	2016年5月

续表

课题名称	课题主持人	批准单位	立项时间
"沙湾民俗文化"融入品德教学的有效策略研究	陈秋燕	广东教育学会学校特色研究专业委员会	2016年5月
"沙湾民俗文化"融入品德教学的有效策略研究	陈秋燕	广州市教育研究院	2016年3月
基于沙湾文化的"和美教育"特色课程建设的研究	谢锦棠	广州市番禺区教育局	2016年11月
"我身边的沙湾民俗文化"综合实践活动系列课型设计与评价的研究	伍新宁	广州市番禺区教育局	2016年11月
以沙湾民俗文化为故事情境融入品德教学的策略研究	陈秋燕	广州市番禺区教育局	2016年11月
"沙湾民俗文化"融入语文教学的有效策略研究	林燕群	广州市番禺区教育局	2016年11月
基于沙湾文化背景下的少儿版画校本课程开发与利用的研究	冯耀堂	广州市番禺区教育局	2016年11月
创设沙湾民俗文化故事情境融入品德教学的案例研究	陈秋燕	广州市小学品德教学研究会	2017年4月

其中，冯耀堂老师主持了番禺区教育科学"十四五"规划课题"小学美术教学中提升图像识读能力的策略研究"，参加了广东省中小学发展中心规划课题"核心素养理念下区域美术特色课程开发实践研究"、广州市教育成果的申报"构建'工作室培训+项目驱动'机制推动美术专业发展的实践与探索"。

在课题引领下，课题组成员积极开展课例研究，使得每一学科都能把本土文化融入学科教学中，如由郭艳琼老师执教的"我们的民风民俗"专题研讨课、由彭丽华老师执教的"用心体会家乡"课例、由何样度老师执教的"乡风乡俗之沙湾飘色"专题研讨课等。每一课例都将沙湾民俗文化与学科教学有机整合在一起，让学生知道沙湾传统习俗，了解家乡。

同时，融入课程的开展让课题成果的积淀与传承成为教师们的自觉行为。他们根据自己的课堂不断地撰写案例与论文，提升自己的教育专业水平，促进了自身的专业发展。此外，师生在开展课程改革研究的过程中，积累了大量的行动研究实践经验，形成了一批富有本土特色的案例论文成果，如陈秋燕老师撰写的《例谈"沙湾民俗文化"融入品德课程教学策略》、谢锦棠校长撰写的《浅谈学校文化建设的几点做法》、冯耀堂老师撰写的《小学美术教学中提升图像识读能力的策略》、陈丹苗老师撰写的《在美术实践活动中提升学生的核心素养——"手拉手，找朋友"教学设计》等，先后在教育杂志上发表。其中，刘秀珠、谢锦棠、李梦婕共同撰写的《立德树人视域下小学舞蹈教育德育化渗透的创新研究——基于广州番禺区沙湾中心小学的实证分析》发表在《中小学教育》。冯耀堂、黄恩海两位老师的案例《沙湾传统文化传承与发展的探索——以沙湾鱼灯为例》荣获广东省第七届中小学生艺术展演活动中小学美育改革创新优秀案例二等奖。学校被评为"广州市番禺区的粤曲传承基地"和"沙湾民俗文化传承基地"。

（三）自编学材，深挖文化教育价值

组织美术项目组编写了《沙湾乡土美术》，版画项目组编写了《乡土版痕》《爱上版画》，合唱项目组编写了《岭南童谣》，书法项目编写了《硬笔书法》，鱼灯项目组编写了《鱼灯闪闪》。教师深入开展乡土文化专题教学研究活动，并形成《有版有眼——沙湾中心小学版画作品集》《沙湾民俗风——优秀版画作品集》《沙湾民间艺术图集》《有雕有塑》《走进童画》等一系列校本课程系列丛书。图4-5所示为"和美教育"特色校本课程系列丛书。

图4-5 "和美教育"特色校本课程系列丛书

《岭南童谣》是由学校教师积极探讨地方文化与音乐教育的融合而开发的乡土音乐教材,其中改编的童声合唱《落雨大》被选编进《小学合唱曲集》(广东教育出版社),且作为广州市学校合唱节推荐曲目进行推广,使广府文化得到广泛传播。

《沙湾乡土美术》是由学校教师为发掘沙湾美术特色文化,让学生了解沙湾特有的风土人情及风俗习惯,使学生感受沙湾灿烂的历史文化而自编的课程教材。它成为学校美术课程资源的一部分,有效地补充和丰富了沙湾镇的美术教学。《沙湾乡土美术》是实践性很强的课程教材,让学生直接接触家乡的文化,在大量的实践活动中亲身体验和感受地方文化。教材中大部分内容出自本地的民俗活动或学生的校园生活。作为广东版美术教材的延伸和拓展,它蕴含了美术、人文、科技特色。在教学活动实践过程中,学校尝试在课堂教学中渗透、开设专题讲座、外出探究学习等多种方式进行教学,激发学生学习美术的兴趣,丰富学生的美术创作题材,提高学生美术创作水平;开拓教师的教学空间,丰富课堂教学的内容。同时,吸引了部分专家关注沙湾镇的美术教育。

(四)评价改革,创新"教—学—评"一体化

要深挖沙湾文化资源的教育价值,实现乡土文化的创新,在课堂教学上,教师需要突破传统的教学模式,采用更适合新课程的教学方式。为此,学校教师在专家的指导下,在课题的引领下,不断探索新的教学方式方法,如冯耀堂老师设计了"有趣的水墨游戏"教学模式,并成功发表在教育期刊上。

在教育教学评价改革的背景下,学校在课程评价上也下了一番功夫,其中"以学生评价促进有效教学的实施"是学校评价改革的重点。有效教学就是在符合时代和个体积极价值建构的前提下,其效率在一定时空内不低于平均水准的教学。这一评价方式关注四个方面:第一,关注学生的进步或发展。关注学生积极主动地参与学习;关注师生、生生之间保持有效互动的过程。第二,关注教学效益。要求教师有时间与效益的观念,不管教多少内容,应该关注的是单位时间内学生的学习过程与结果。第三,关注可测性或量化。教学完成时,要能够对学生的学习作一个及时的检测,及时地反馈学生的学业信息,把过程与结果综合起来。第四,关注教师是否具备一种反思的意识。能关注学习者对自己以及他人学习的反思,能使学生的自我监控和反思能力得到培养。基于此,教师需要探究如何对自己的教学行为进行分析与反思;如何设计"学生评价",使之既能着眼于每个学生的发展,又能促进教师的反思能力和促进有效教学的实施。下面以冯耀堂老师讲授的小学二年级美术课"我们爱吃的水果"终结性评价为例,介绍评价改革的创新。

美术课"我们爱吃的水果"终结性评价

【课后评价】

师：（课堂结束前的评价）同学们，刚才大家在小组里都进行了作业的自评与他评。那么，现在谁来说说，我学会了什么？

生1：我学会了用线条和色彩画出不同水果的形状和特征。

生2：我学会如何画有遮挡的水果。

生3：我知道了不同的水果有不同的味道和营养。

生4：我学会了收集资料，这对学习很有帮助。

生5：……

【课后反思】

课堂结束前设计的评价"我学会了什么"，如果从学生发展的角度思考，有什么作用？能否帮助教师反思教学过程中的活动设计是否有效？学生评价对检测教学活动设计有什么帮助？为什么教师不能以学生评价检测自己的教学？为什么虽然有学生评价内容，但没有教学反思意识？那么，怎样以学生评价来进行课后反思呢？带着一系列问题对本节课进行分析。

【分析评述】

从案例中的学生自评发言分析，学生1、2的自评是从知识技能方面进行评价；学生3、4的自评是从情感、学习态度方面进行评价。那么，如何从学生的自评中反思课堂教学观察，反思教学活动设计的有效性，反思哪些地方还可以改善和促进呢？首先，从学生的"自评内容进行归纳"作为反思评价的切入点。然后以此为依据，反思教与学的设计，反思课堂的观察，反思这一学习活动的有效性和需要改进的地方。

第一，"我学会了用线条和色彩画出不同水果的形状和特征"。通过设计"看、摸、闻""欣赏课文中作品""堂上绘画练习"活动让100%的学生能参与到学习中，大约有97%的学生能够掌握，有效地解决了教学重点，培养了学生的观察力和造型能力。但学生缺乏个性表现。解决办法：鼓励学生大胆想象物体的形状、色彩。

第二，"我学会如何画有遮挡的水果"。通过"教师示范""猜一猜""堂上练习"等活动展开教学，有90%的学生能掌握，有效地解决了教学难点。但学生缺乏探究精神。解决办法：先让学生尝试表现，老师再示范。

第三，"我知道了不同的水果有不同的味道和营养"。通过"创设情境""尝一尝"活动激发学生已有经验，学生反应热烈，有效地体现人文关怀——亲情。但学生缺乏自信。解决办法：做好课前资料的收集与学具的准备。

第四,"我学会了收集资料,这对学习很有帮助"。通过"课前准备"让学生学会收集资料、整理资料,有效地培养学生的学习习惯。但资料比较凌乱。解决办法:建议学生在家长的引导下对所收集的资料进行整理分类。

从上述内容可以看出,在"我们爱吃的水果"一课的终结性评价中,"我学会了什么"这一问题激发了学生的自评。从学生的自评中可以反思课堂教学活动设计的有效性,反思课堂教学观察情况,反思课堂教学的优势与不足,进一步激发教师的责任心,提高教学实践的能力。可见,学生评价可以成为教师自评反思的依据。但是,为什么教师在进行教学反思时,往往却缺少了这一把衡量的尺子呢?关键是教师在进行教学设计与实施时,忽略了评价是美术教学过程的组成部分,忽略了评价可以贯穿于美术教学活动的具体环节之中,忽略了以评价设计进行反思这一有效的途径。

【评价与教学反思结合的建议】

第一,依据三维教学目标进行学生评价设计,促进有效教学的实施。三维教学目标的"知识与技能""过程与方法""情感、态度、价值观"等各方面都是发展性评价的内容。那么,如何依据三维教学目标等各方面进行评价设计?三维教学目标评价设计要做到具体、明确、易检测、可操作性强。

以"我们爱吃的水果"一课为例,依据三维教学目标进行学生评价设计的研究。知识与技能目标是:我学会了用线条和色彩画出不同水果的形状和特征;我学会如何画有遮挡的水果。过程与方法目标是:我能参与观察、想象、表现等学习活动;我能与同学一起合作画画。情感、态度、价值观目标是:我知道了不同的水果有不同的味道和营养;我学会了收集资料,这对学习很有帮助。

第二,依据评价设计进行教学观察、反思,促进有效教学的实施。三维教学目标评价设计对"教与学"活动设计有什么帮助和作用呢?以"我们爱吃的水果"一课为例(表4-2),依据学生评价目标进行"教与学活动"和"课堂观察反馈"的反思设计研究。

表4-2 以"我们爱吃的水果"一课为例的三维教学目标

三维教学目标	学生评价目标	教与学活动	课堂观察反馈
知识与技能	学会了用线条和色彩画出不同水果的形状和特征	①"看、摸、闻"活动;②与画家的作品进行比较;③学生课堂上练习	①重点是否解决?②学生想象力、创造力、表现力情况

续表

三维教学目标	学生评价目标	教与学活动	课堂观察反馈
知识与技能	学会如何画有遮挡的水果	①学生尝试；②以"前后遮挡"关系的作业与重叠画的比较；③学生课堂上练习	①难点是否解决？②学生在尝试中遇到什么困难？如何解决
过程与方法	能参与观察、想象、表现等学习活动；能与同学一起合作画画	①体验学习：触摸、想象—观察、想象—个性表现；②合作学习：小组绘画接力赛	①参与情况；②合作情况
情感态度价值观	知道了不同的水果有不同的味道和营养	①激发已有经验；②课前资料准备	①是否有目的地收集资料；②如何收集资料
	学会课前准备资料、水果、用具	课前准备	

从表4-2的"学生评价目标"内容可以发现：

首先，可以帮助教师有目的地进行学习活动的设计。如教师可以根据评价点"能画出互相遮挡的水果"和"能与同学一起合作画画"设计合作尝试活动，可以进行"互相遮挡"和"重叠画"的小组比较活动，可以进行"示范"教学设计，也可以进行小组绘画接力赛等学习活动设计。方法很多，关键是看哪些活动有利于学生自主获取"美术知识与技能"，哪些活动有利于学生"正确的情感、态度、价值观"等综合素质的形成。所以，教师设计教学活动时，应以是否能促进学生发展为活动设计的出发点。

其次，可以帮助学生清晰地知道每一项学习活动的评价标准，让学生有目的地参与学习并获取成功。因此，教师在进行各项学习活动前，只有先让学生明确评价目标，才能有目的地进行学习和自评等。

最后，可以帮助教师有目的地探讨与检测教学目标、教学手段和过程活动设计的问题，促使教师的教学行为成熟起来。

可见，学生评价不但可以促进学生自我发展，也是教师"教与学"过程设计和课堂观察反馈的依据，可以帮助教师从评价研究中提高自身的教学反思能力，促进有效教学的实施。

不仅如此，美术科组还利用档案袋对小学美术作业进行评价。首先，每位学生准备一个档案袋，可以自制也可以买，规格在A4纸以上。其次，发给每位学生一份表格贴在档案袋的封面上，在不破坏表格的基础上允许学生作适当加工美化。然后，发给每位学生一组4份作业评价表放入档案袋中，并向学生讲述清楚评价表的使用方法。学生在每上完一节课或完成一次作业后，可以从档案袋中取出相应的评价表进行填写。填写完成后把评价表和作业一同放回档案袋中。填写完评价表后，学生根据自评和他评的情况填写档案袋的封面。评价等级选择哪一项可由教师定好评价的标准。例如在作业评价表中取得4个以上的👍，在封面的作业总评中就可以得到👍；取得2~4个👍则得到☺；取得1个👍就得✿。

一学期结束后，教师可以根据档案袋封面表格中学生的作业评价等级给出一个学期的总评等级，并写下评语，鼓励学生再接再厉。

最后，进行档案袋评价结果的交流与分享。这一环节是实施评价过程的重要环节，是发挥档案袋评价的发展性功能的关键。如果缺少这个环节，档案袋评价的作用就大打折扣。所以在最后一节课，教师会举行"了解自我"的成果交流活动。在活动上，学生畅所欲言，把自己的作业档案袋成果与同学们相互交流，分享成功的喜悦。每位学生选出一幅自己最满意的作业贴到橱窗上，举办一个小型的画展，让每位学生都有一个展示自我的机会。

在经过一段时间的实施之后，学生在许多方面和以前相比都有所改变。在以前，基础较差的班的学生经常出现欠交作业的情况，上课的纪律也比较差，学生对自己无信心，对画画也失去兴趣。基础较好的班的学生虽然画画功力不错，但他们往往只关注自己的作业得了多少分，有的学生一看完作业就把画一折，扔到垃圾桶里。很少有学生能关注自己与他人的合作情况，同学之间很少出现互相帮助的现象。现在他们变了，变得在上课时很乐意与同学合作，一起探讨问题和解决问题；变得对自己的画非常珍惜，非常爱护自己的作业。而且，学生在收集处理资料和自我反思、评价等方面的能力都有所提高。此外，两个班的学生都出现了以下特点：第一，由于档案袋保留了学生平时完成的作品，积累了学生平时收集的素材，记录了学生的成长，见证了学生的发展，让学生体会到学习美术的乐趣，从而激发了学生学习美术的热情。第二，利用档案袋评价学生的作业，比较适合学生的身心特征，使学生个性得到自主发展，在学生的美术作业中反映出学生敢于用自己的方式大胆创作。学生的技能、知识、想象力、创造力、审美情趣、自信心得到了明显的提高。第三，学生的作品意识加强了，懂得珍惜劳动成果。从随意丢弃、胡乱折叠转变为精心保管、认真呵护，有些不适合存放在档案中的作品，如"纸立体""橡皮泥"等，学生会主动提出放在展示柜里或挂在墙壁上。

利用档案袋对美术作业进行评价是一种新的评价方式,未必适用于每门艺术课程、每一位艺术教师。然而,无论用什么方式来评价美术作业,其关键都是要解决如何对图形化、多样化、个性化的艺术作业制订评价指标体系的问题,否则就会使评价误入歧途或失去应有的意义。

二、教师成长:不拘一格降人才

教师成长是学校发展的决定性因素。为不断提升教师的思想素质、理论功底、专业素养,沙湾中心小学为教师创设了良好的成长环境,成就了一位又一位名教师的诞生。学校不仅是领导干部的"黄埔军校",更是教师专业化成长的"黄埔军校"。名教师和骨干教师一起用爱哺育学生成长,用责任支撑起全校的发展。

例如,冯耀堂老师从事美术教育工作已28年了。从教以来,他先后被评为"第二届沙湾镇十杰教师""广州市中小学美术教学科研十佳教师""广州市骨干教师""广东省骨干教师""番禺区第二届名教师""广州市名教师工作室主持人",被聘为岭南少年儿童版画教育研究会常务理事、广州市特约美术教研员、番禺中小学美术教研会会长,是"广州市特约美术教研员""番禺区美术教研会理事"。他辅导学生参加各类比赛,共有700多人获奖,有近百幅学生作品被刊登在各类报纸杂志上。在美名的背后,是冯老师多年的用心与坚持,这让他走过了艰难而有意义的六个阶段。

冯耀堂老师:一艺之成,当尽毕生之力

"我们美术老师不要总是抱怨自己的地位不如别人,不要总是抱怨领导不重视自己,我们首先要重视自己,然后做出让人家不得不重视你的事情,学校自然就会有你的地位了,等你有了地位,什么事情都好办。"这是我的导师邹官民在2010年省骨干教师培训跟岗学习的开班仪式上说的话,到现在我还一直记着。换句话说,就是"有为才有位,有位更有为"。回顾自己28年的教学历程,也刚好印证了这句话。

(一)从课堂开始,求一席之地

一直以来,美、音、体在很多人眼中都是小三科、次科。作为艺术或体育学科教师要想在学校获得一席之位,得到他人的认同,就要比别人付出更多。刚工作时,作为一名新教师,失败和挫折曾与我同行。还记得第一次上公开课,课程内容是"蔬菜水墨画"。为了上好这节课,我很早就备好了课,上课时说的每一句话、示范的作品都反复地练熟了。当我满怀信心地走进教室,却

发现只有一半的学生准备了学具。这个状况如晴天霹雳使我措手不及,导致我非常紧张,讲课时完全没有状态,再加上学生没有画中国画的基础,课堂效果可想而知。课后,我请教前辈,认真反思,找到了问题所在:备课时只关注教材,忽视了学生,对学情不了解,心中没有学生。为此,我认真阅读美术教育教学的书籍,每次备课都以学情为依据,做好充分准备。同时,我去校内外各学科的公开课听课,吸收各科教师的长处。每学期,我都争取上一节校内公开课。终于,辛勤的汗水换来了回报,我得到了参加番禺区新秀比赛的机会,受到了同事们和领导的青睐。从此,我更坚定了对有效美术课堂的研究。

(二)从培训开始,求引人关注

参加工作的第一个月,我便组建了学校美术兴趣小组,但只招到7位学生。每天下午放学后,我给他们进行培训。没有专用美术室,每次培训就像"打游击",经常要换地方。但这不影响我把全部的精力都放在这7位学生身上。后来,其中一位学生考上了清华大学美术学院,我感到非常欣慰。

美术课满足不了有天赋的学生,他们需要进行专门的兴趣培训,参加不同的比赛、展览,进而开阔眼界,提升综合素质。所以,一直以来,我带着学生参加全国、省、市各类比赛,总有捷报传来。学校越来越重视美术教育,打造了美术专用教室,鼓励更多的学生加入美术兴趣小组。美术室成为学校最热闹的地方之一。从当初小打小闹组建美术兴趣小组,再到如今建立起颇具规模和影响力的蒲公英版画社,我正在为打造特色教育品牌而努力着。

(三)从教研开始,求稳定发展

2000年,国家实施新课程标准改革,广州市的部分地区和学校开展了为期一年的试点试验。我积极到试点学校参与活动,带着问题参加教研,带着收获回到课堂。我注重培养学生自主合作探究的学习方式和创造性思维。2002年,为了能让全镇美术教师最快、最有效地走进新教材,镇教育指导中心邀请了当时东山区美术教研员梁国珍老师为全镇美术老师进行培训。我认真参加每周三下午的镇美术教研活动,与同行们探究美术教学、科研方面的问题,博采众长,内强素质,稳求发展。

(四)从课题开始,求突破创新

我的成长路在何方?我开始思考自己的发展方向。在专家的引领下,我带领全镇美术老师花了3年时间编写了《沙湾乡土美术》教材。适逢广州市教育局聘请特约教研员,我尝试以"沙湾乡土文化在学校美术课程中开发和利用的研究"为课题进行申报。功夫不负有心人,我成为广州市第十四届美术特约教研员,从此开始了科研之路。

2007年,在孟科老师的牵线下,我有幸加入了由谢丽芳老师主持的全国

"蒲公英行动"课题研究,成为子课题研究的成员。在向课题组申请子课题立项时,我提出将研究的重点放在"关注外来工子女学校的美术教育"上,这一独特的研究对象受到课题组的重视。课题组多次派出谢丽芳老师、吴尚学老师、陈卫和教授、孟科老师等专家到我镇指导课题研究工作。另外,在课题组的支持下,我多次到其他省、市参与"蒲公英行动"课题研究交流汇报工作,与全国的美术教育同行共商少儿美术教育的公平性发展。课题组和学校在研究经费上也提供了很大的帮助,保障了课题的顺利开展。课题虽然已结题,但这项工作一直在做,关注外来工子女的美术教育情结使我们的研究更有意义。这么多年来,我参加或主持过的区级以上的课题就有9项,主持的番禺区"十二五"规划课题"小学美术'沙湾民间艺术'教学策略的案例研究"被评为优秀成果一等奖。每一项课题研究都让我经历一次完美的蜕变,每一项课题研究都让我硕果累累。这几年,围绕沙湾的题材,我编写了《沙湾乡土美术》《沙湾民间艺术剪影》《聚集沙湾飘色》《沙湾民俗风——优秀版画作品集》《多彩沙湾——沙湾镇小学生优秀美术作品》《乡土版痕》《鱼灯闪闪》等书籍。

(五)从技能开始,求专业追求

人的精力是有限的,这么多年来,我把精力放在教育教学上,虽然取得了一些成绩,但总是感觉自己缺少了什么。在参加了"番禺区名教师培养"和"广州百千万名师培养工程"之后,我细思之下,终于找到了藏在内心深处的源头,感觉自己就好像缺少了"一条腿"。特别是对比了导师们的成就后,我觉得他们都不单单在教育教学上有所成就,在个人专业技能发展上也有自己的特长。例如,邹官民老师的水彩、陈芳老师的书法、毕晓晖老师的版画、王婧老师的版画等,都各有成就。听很多美术专家说,艺术教师必须坚持"两条腿"走路,一条腿是坚持教育教学,追求自己的教学风格;另一条腿是坚持提升自己的专业特长。专业技能提升,最终它必然是回归到课堂的,受益的还是学生。这两条路不是对立的,两者是相互促进、相互支持的。

对,我必须把另外"一条腿"也练好,坚持"两条腿"走路,这样会走得更快、更远。为此,我积极参加各种专业培训,坚持参加区美术教师每月一次的写生活动,参观各种展览,提升自己的眼界;拜访名家名师,学习他们的创作方法。我还积极参加各类比赛展览,以此作为动力鞭策自己前进。为了融入画家团队这个大家庭,我加入番禺区美术家书法家协会和广东省青年美术家协会。我打算用3年时间,积极创作,争取加入广州市美术家协会,进一步提升自己。

(六)从服务开始,求角色转换

从2020年被聘为番禺区中小学美术教研会长、广州市名师工作室主持人开始,我把自己的角色定位转换了,现在我把主要的精力放在指导年轻教师的成长之上。后来,我又成为番禺区骨干教师培训跟岗导师、新教师入职培训指导老师、番禺区教研帮扶小学美术工作室主持人、广州美术学院和岭南师范学院的实习指导老师。经过2年的实践,有许多的年轻教师成长得很快,为番禺区的美术教育作出了贡献,如今的区进修学校美术教研员戴锦霞就是其中的一员。她获得了广东省青年教师教学能力大赛高中美术第1名,最后进入总决赛,获第4名。去年开始每年指导的区骨干教师有4~6名,新教师也有6名;教研帮扶共有9所帮扶学校,有指导老师9人,学员9人。我指导广州美术学院和岭南师范学院美术实习生每年都超过10人。

现在,我更愿意服务区美术教育工作,为全区美术教师提供帮助,让他们快速成长,为番禺美术教育增添色彩。

"咬定青山不放松",在有苦有甜、有笑有泪的20多年里,我用心做好了一件事,那就是美术教育研究。"成大事不在于力量的大小,而在于能坚持多久。"我将以实际行动和孩子们共筑我们的艺术梦,因为我深信"一艺之成,当尽毕生之力"。

20余年来,冯耀堂老师只做了一件事情,那就是美术教育。既格外用心,时时处处用心于学生的发展;又一意坚持,坚持为学生的发展想尽办法。冯老师赢得了肯定,赢得了光荣,赢得了名誉。

蒲公英版画社还有一位"灵魂人物"——赖国华老师。他与冯耀堂老师既是同事,又是师徒。社团创设10多年来,师徒两人踏遍沙湾古镇的大街小巷,在行走中共同成长。

赖国华老师:教学相长,齐驱并进

从教近20年,如果让我用一个词语来形容我的成长,我想"教学相长"最为恰当,版画教学与版画创作两驾马车齐驱并进。

2004年7月,我从湛江师范学院美术学院本科毕业后,一直在广州市番禺区沙湾中心小学任教美术,先后被评为"广州市十佳美术教师""广东省少年儿童版画教育名师",成立了个人工作室;多次被评为全国、省、市优秀辅导教师,是中国美术家协会藏书票研究会会员、广东省美术家协会会员、广州市青年美术家协会版画艺委会委员、番禺区美术家协会理事、岭南少年儿童版画教育研究会常务理事。近年来,我有35件版画、油画作品入选美术家协会主办的省级、国家级以上展览,并多次获奖;6件版画作品被专业美术馆收藏,在湛江、广州3次成功举办个人画展。

2005年，恰逢广州市学校民族民间美术特色年，我与冯耀堂老师商讨后决定以版画作为我们的特色项目成立版画兴趣小组。我大学虽然也学习过版画，但谈不上专业，为了能给学生"一碗水"，我得先有"一桶水"。从这一刻起，我恶补版画相关知识，从版画的发展史到版画的分类，再到版画的技法、材料，我自己的美术创作也从油画转向版画，因为我坚信只有自己够"专业"才能让学生少走弯路。回想近20年的版画教学生涯，我充满自豪感。小学生受制于年龄等因素的影响，专业版画家用的材料他们没办法驾驭，需要找些替代材料。版画社从最开始用吹塑纸到铝塑板、木板、PVC板、石膏板，再到后来用的树脂板、电路板，每一种材料走进版画社的课堂都有一个小故事。有些材料只是我从别人口中听到的，比如铝塑板，这种材料本身是装修材料，能不能用？只能买回来自己先做尝试，多次尝试成功后自然而然进入了我们的版画课堂。2007年，在孟科老师的引荐下，我们有幸接触到了"蒲公英行动"。2008年，我参加"十五"规划国家重点课题"中国民间和乡土文化资源与美术教育研究"子课题和"蒲公英行动"少儿美术教育专项课题子课题，将版画兴趣小组正式更名为蒲公英版画社。直到现在，我们已经坚持少儿版画教育研究18年，学校先后被评为"广州市学校民族民间美术特色年版画特色项目优胜学校""广州市第二批艺术重点基地学校""岭南少年儿童版画教育研究会理事单位""广州市义务教育阶段特色学校""首批广东省艺术教育特色学校"等。蒲公英版画社被评为"番禺区中小学生品牌社团""广州市高水平学生美育团队"。

　　依托中国历史文化名镇深厚的历史文化底蕴，我一直致力于把本土文化融入美术教学的研究，参与过全国、市、区的多个课题研究。我们把沙湾本土文化融入版画创作，沙湾飘色、龙狮表演、古建筑、兰花、美食、广东音乐、风景等都成为学生作品表现的对象。特别是富有特色的沙湾宗祠、镬耳屋等，成为版画创作上一道亮丽的风景线。此外，我还尝试创意版画教学，通过用不同的材料、媒介去表现少儿版画，去开发衍生品，增强学生学习版画的乐趣。我的创意版画课例《当版画遇上纸袋》和《我的T恤我做主——沙湾中心小学美术老师赖国华创新版画课堂》被刊登在《番禺日报》。

　　目前，沙湾中心小学版画教学主要采取三位一体的教学方式，即面对全体学生，采取以体验为主的课堂常规教学；面对有兴趣的学生，采取以技能培养为主的艺术选修课教学；面对版画尖子生，采取以创作为主的社团培优教学。版画艺术选修课面向三至六年级学生开设，学生可以选修，每周一节课，每学期教授2种技法、3种题材的版画。经过多年的版画教学研究，我编成了《爱上版画——沙湾中心小学版画（选修课学材）》。蒲公英版画社成员均为四至六年级学生，在团人数60人，有规范的社团章程和制度，每周二至周五早上

7:45—8:25为固定的社团训练时间。

版画特色项目成立18年来,共有500多人成为蒲公英版画社的正式成员;辅导学生参加区级以上比赛,共有600多人次获奖。近5年,在各类展览、比赛中获全国奖21项、省级奖10项、市级奖15项,有30多幅学生作品被刊登在各类报刊上,我多次被评为全国、省、市优秀辅导教师。我带领版画社团在西安、长沙、广州番禺等地举办过多次优秀学生版画作品展览,结集印刷了多本版画作品集。

我在版画教学和版画创作上都已经坚持了十几年,我希望在以后的日子里继续"教学相长",学生与自我两驾马车齐驱并进。

从零开始创设版画社团,自身的美术创作方向从油画转向版画,这么多年来,赖国华老师始终坚持"为了能给学生'一碗水',我得先有'一桶水'"的育人情怀。正是这一份热爱,版画社团成为学校引以为傲的重点品牌,一批又一批的学生从社团走出,用艺术装点自己的人生,展望新的未来。

又如,合唱团的洪剑华老师,在成就学生的同时,也成就了自己。他是广东省合唱协会理事、广州市音乐家协会会员、番禺区教师合唱团指挥。在常年担任中心小学合唱团指挥期间,他带领学校合唱团获得镇合唱比赛一等奖8次,区合唱比赛一等奖5次,广州市合唱比赛一等奖3次、二等奖2次。他曾指挥沙湾镇机关合唱团2次获得番禺区比赛金奖。他代表番禺区教师合唱团参加北京国际合唱节以及广州市"星海"国际合唱节均获金奖。他多次参加各项合唱指挥大师班,如广州市"走进西方合唱音乐"合唱研修班、深圳国际大师合唱研修班以及维也纳童声合唱团艺术总监维尔特先生的合唱研修班等进行学习。他还是区"星海"合唱团的领唱。

三、引领辐射:一枝独秀不是春

"和美"之树开出花朵,芳香满园;"和美"之歌唱出佳音,悦耳动听;"和美"之路走向佳境,风光无限。沙湾中心小学的全体师生深深地明白——一枝独秀不是春,百花齐放春满园。教育是人类共同的事业,有爱才有美,有"和"才有"美"。传播美正是"和美"二字的应有之义。传播"和美"风尚,分享"和美"果实,力争影响到更多的人,让教育实现更多的变革与创新,这也是学校每位师生的心愿。

(一)"手拉手"结对帮扶

学校师生紧紧围绕着"和美教育"理念,艰苦探索,辛勤耕耘,在通向和谐、美好未来的"和美"之路上走出了自己的风采,也获得了外界的认可。近年来，为了进一步促进教育公平和教育均衡发展，广州市教育局鼓励教学先进学校与农村和城镇薄弱学校结对，帮扶薄弱学校提升管理水平和教育教学质量。沙湾中心小学积极响应号召，先后与梅州市丰良镇中心小学、广州市番禺区海傍小学、贵州省毕节市威宁县石门乡石门小学、贵州省毕节市赫章县达依乡中心小学、广州市花都区石岗小学等学校结对，把"和美教育"理念统领下的学校团队管理、课程设置、课堂设计、学生活动等方面进行的实践、取得的经验，与结对学校共享，传播"和美"果实，促进结对学校的发展。

在结对的过程中，沙湾中心小学通过一系列的交流帮扶活动，使结对学校在教育理念的更新、学科建设水平、科学研究水平、德育建设、社团交流等方面都有所提高。例如，2020年11月，贵州挂职干部参加学校语文科组集体备课活动；12月参加学校教研活动，观摩学校艺术选修课，开展线上教研活动等。又如，2021年10月，学校与花都区石岗小学开展共建劳动教育活动。活动中，我校分享了"乐玩"劳动课程。其中，番禺区非物质文化遗产传承人、沙湾飘色协会副会长黎伟明先生和沙湾飘色协会的陈伙娟女士为参加活动的师生上飘色人物化妆体验课。两校的学生两两结对，一人当模特，一人当化妆师，动手体验化独特的飘色人物妆（图4-6）。两校师生代表还步行到市场购买制作姜埋奶的材料，学生精心挑选适合制作姜埋奶的小黄姜，并进行"砍价"，以优惠的价格购买"靓姜"。在家长教师陈女士的指导下，两校师生代表制作了沙湾特色甜品姜埋奶。

图4-6　两校学生体验飘色人物化妆体验课

（二）"走出去"交流学习

要继续丰富和发展"和美教育"理念，就得用"走出去"的方式，鼓励教师和学生多与其他学校师生交流学习，多参加校外丰富多彩的活动。一直以来，沙湾中心小学坚持"开门办学"，不断搭建对外沟通交流的平台，除了组织到校外参加教研教学活动，还鼓励教师和学生参与各类展示活动，既增长了教师与学生的见闻，也进一步夯实了"和美教育"理念的根基和实践的厚土。

其中，版画项目上，荔湾区30多名美术骨干教师到学校开展版画教学交流活动，赖国华老师示范了绝版套色版画的制作步骤；还有番禺区职业技术学校的美术科组到学校参观交流版画教学；东莞市儿童活动中心的领导和美术教师到学校开展版画教学交流活动；籍忠亮艺术培训中心的教师到学校开展版画教学交流活动；沙湾镇万翔学校的学生到学校体验版画制作；香港及内地其他学校，以及新加坡等国外学校的师生都先后到我校体验版画制作。

而作为版画社团的创始人之一，冯耀堂老师曾应邀到荔湾区为70多位美术骨干教师开设"儿童版画教学"专题讲座；曾2次为番禺区全区美术教师开设"学校美术特色项目建设"和"我的专业成长之路"专题讲座；在区会议中心作"一艺之成，当尽毕生之力"汇报演讲。赖国华老师曾为沙湾镇全体美术教师和美术实习生作"我的专业成长"专题讲座，为全镇美术教师开设过"绝版套色版画的制作"专题培训。

2013年4月16日，冯耀堂老师在禺山高中为全区美术老师作"学校美术特色项目建设"专题讲座。对该讲座内容，冯耀堂老师以课题研究为主线，以本土文化探究为基础，以版画等项目建设为特色，向全区美术老师介绍了沙湾中心小学如何开展"主题教学"模式的少儿版画教学研究，令在场的教师受益匪浅。

冯耀堂和赖国华两位教师还参加了"草根青青——蒲公英行动课题交流研讨会"，与中国美术家协会少儿美术艺术委员会主任、中国中小学美术课标研制组组长尹少淳，《中国中小学美术》杂志主编周殿宝，中国美术家协会艺术委员会办公室主任咸懿，中国美术馆典藏部主任何琳，陕西美术家协会副主席、美术节组委会执行主任宋亚平，广州美术学院教授陈卫和等专家领导及其他课题实验点的教师们一起探讨了蒲公英行动课题的核心主题"民间艺术"与"美术教育公平"。两位教师分享了自己的教学心得并提出了自己的困惑和疑问；专家现场解惑传经，给了两位教师很大的启发。这次全国性的交流活动，不仅传播了沙湾中心小学"和美教育"理念下的乡土特色版画课程，还让教师和学生大开眼界，促进了他们的专业提升。

在沙湾飘色方面，学校也颇有成就。2011年12月，在沙湾仁宝青少年活动中心举行了"沙湾飘色立体造型制作研究"活动。活动由冯耀堂老师主持，来自全镇的专职美术教师和学生代表共30多人参加了活动。活动由游泽辉老师示范如何利用各种材料制作沙湾飘色的人物造型，然后在每位老师的指导下，各校学生开展制作飘色的立体造型作品。因为是第一次制作，所以作品效果一般，未能达到预期目标。经过日后多次的尝试与探索，最终找出了制作立体飘色的最佳方法，作品一度受到美术教育专家的一致好评。随后，冯耀堂老师在自己学校开展了飘色的"欣赏·评述""造型·表现"和"综合·探索"学习领域的研究。该课程内容还被谢丽芳老师选用刊登在《中国中小学美术》2014年第一期。

2015年5月，沙湾中心小学被邀请参加以"放飞心灵，成就未来"为主题的第二届"中国·西安国际少儿美术节"系列活动。在活动举办的"草根青青——蒲公英行动少儿美术作品邀请展"中，学校展出了60幅学生版画精品。这批作品涵盖木版、胶版、综合版、吹塑版和绝版套色等多个版种，内容丰富，版味十足，一经展出便受到了在场专家和观众的一致好评。

就学校特色社团活动开展情况，香港圣公会何泽芸小学、香港张煊昌小学前来举行交流联谊活动。蒲公英版画社的学生向香港的同学们展示了版画制作技艺，品德课教师上了一节"用心体会家乡"展示课，还邀请香港同学参观了击剑、体操训练、30人31足跑表演等活动。最受香港学生关注的是沙湾特产姜埋奶的现场制作。活动中，双方学生相互合作制作姜埋奶，领略到了沙湾美食文化。交流中，香港教育开放、启蒙、实用的教学方法，个性化学习管理和"以生为本"的课堂教学等先进理念也让沙湾中心小学的师生大受启发。日后，这些先进理念和做法都将成为丰富"和美"文化的重要经验。

近年来，学校以工作室为载体，积极推动教育教研活动，推广学校艺术教育和品牌创建成果，不仅有践行"上品教化"区域教育理念示范校沙湾镇中心小学校长工作室，还成立了广州市冯耀堂名教师工作室。工作室以扎根乡土、坚守特色为目标，在"以美育人，以美化人"的理念引领下，通过深挖本土文化资源，开发优质美术课例，建设美术特色课程，打造艺术工作坊；通过名教师引领，促进学员在教学实践、教育科研、资源开发和课程建设等方面深入探究，旨在探索以特色课程推动工作坊创建的新模式和教师专业成长新生态，助力一线美术教师快速成长。为此，工作室开展了一系列教研活动，包括讲座、送教、跟岗等。比如，工作室邀请北京大学教授、博士生导师、前国际艺术史学会主席朱青生举办"艺术公益大讲堂'儿童世界艺术地图'讲座"，作为"蒲公英行动"番禺工作站在番禺开展了美育系列活动，推进全国

"蒲公英行动"的进展。"蒲公英行动"项目创始人谢丽芳、"蒲公英行动"项目创始人吴尚学参加了这次活动。又如,工作室承办了2024年番禺区小学美术特色课程单元课例研讨活动,以"悦美雅品 色飘沙湾"为题,构建研学后教3.0"融·乐"课堂美术学科课堂范式,聚力打造番禺区"悦美雅品"美育品牌。主持人冯耀堂老师为教师们带来专题"'悦美雅品色飘沙湾'单元课例的设计与实施",从单元理念、设计、方法、教学等多方面、多维度剖析本次单元课,给教师们直观呈现了一个完整的单元课是如何选择、打磨、思辨、展示的。

学生的喜爱、家长的肯定、社会的认可、专家的称许、媒体的追踪……这一切,将沙湾中心小学推上了一条品牌发展之路。传承传统文化、打造特色品牌,不能闭门造车,要打开大门,在吸收、借鉴、交流、融合、改进、创新的过程中,不断培植更优质的课程和活动,让传承的声音更加响亮,让传承的步伐走得更远。沙湾古镇的历史文化是学校特色发展之路的根,我们有责任、有义务、有能力,把它们辐射至更广泛的地方,让更多人知道、了解并喜爱上沙湾文化,让沙湾文化世代传扬。

千锤百炼,方得始终。如今的沙湾中心小学,坚定地行走在艺术教育的道路上。艺术的伟大意义在于,它能显示人的真正感情、内心生活的奥秘和热情的世界。曾有美国学者提出,透过各种艺术活动培养出的能力有8种,即感受性、流畅性、整体性、独创性、再决定与再构成的能力、分析及抽象能力、综合与接合能力等。这些能力不仅是艺术家必须具备的,其他行业从事创作的人也必须具有这类能力。教育是一场"美"的传承,沙湾中心小学则通过艺术教育正在实现"美"的传承,让每一位学生创造属于自己的美好未来。

附录

学校百年发展史

沙湾中心小学始建于1906年,是一所历史悠久的百年老校。从晚清到民国,从中华人民共和国的成立到新时期的变革,她历经风霜雨雪,走过百年沧桑。岁月烁金,几经变易校名,选址新建的沙湾中心小学以不变的教育初心,从烂漫的春华迎来了丰硕的秋实。这所百年老校如一棵百年参天大树,扎根泥土,守望家园,承载着一代又一代人的梦想,培育了一代又一代的学子。百年薪火相传,是一种精神、一种信念、一种感情。无论在何种环境之下,沙湾中心小学始终坚守初心,以教书育人为首要任务,不断跃上新台阶。

一、从祠堂到书院

沙湾镇已有800多年的历史,镇中有何、王、黎、李、赵、朱等各大姓氏,其中黎氏为沙湾名门望族。据沙湾黎氏族谱记载,明嘉靖三年(1524年),黎氏祠堂始建于沙湾镇东村经述里上街,初时分为永锡堂和世德堂;清嘉庆十八年(1813年),该祠堂由黎氏后人扩建重修;道光十七年(1837年),由中宪第房十九世锡鉴(字华辉,号营石)主持兴建仪门、月台、衬祠、钟鼓楼……黎氏祠堂中的永锡堂为大宗祠,非常气派。它的仪门正门横梁较高,为木构件如意斗拱、歇山式三楼檐,木门,四柱三间三楼的砖石结构;中楼重修后为回龙灰脊,庑殿顶,回龙头东西顾,尾西东翘。仪门牌坊正面阳刻"文学流风"四个楷体字,背面阴刻"凌江报最"四个楷体字,无署款。正面文字中的"文学"一词指精通儒家经典的人;"流风"出自孟子"流风善政犹存者",意思是"良好的习俗,传统的风尚";"文学流风"组合而成的意思是"要继承和发扬宗族中精通儒家经典的先贤圣达们留下的良好的习俗和传统的风尚"。坊额阴刻文字中的"凌江"是地名,位于广东省南雄市,是浈江右岸支流,南雄是黎氏先辈的祖居之地,以"凌江"借代之;"报最"又称"举最",是指旧时长官考察下属,将政绩最好的人列名报告朝廷之举。旧时,黎氏宗族最引以为豪的是"南雄黎氏三知府",他们官阶高、政绩好,为黎氏后代树立了典范和榜样。黎氏家族希望子孙后代继承和发扬诸多黎氏贤达树立的风范,努力学习,正直为官,用最好的成绩报效国家,因此牌坊题词中寄予着黎氏一族对先贤的尊崇,对后人的期望。"文学流风"牌坊木门、木构件如意斗拱和歇山式三楼檐曾被拆毁,只剩石阶、石柱和石额。2000年,黎姓族人重修此坊，由沙湾著名青年雕刻家何世良主持木雕，按原貌进行修复。目前，该门楼是番禺区内建筑规模较大、做工较精细、历史与艺术价值较高的门楼之一。2008年12月，该门楼被广州市人民政府公布为广州市文物保护单位。

附图1　"文学流风"牌坊

另据黎氏族谱记载，黎氏在唐朝时有一个先祖叫黎干。他是第一个官任京兆府尹，并被追封为京兆郡侯的黎氏名贤，故史书、族谱均载有"黎氏望出京兆，自黎干公始"的记录。此后，黎氏家族的称望、堂号均以"京兆"为名，沙湾中心小学也一度更名为"京兆小学"。1898年，清政府颁布了若干教育规定，其中一条是奖励乡绅平民捐款办学，民办的私立学校也应运而生，并且一天天多了起来。大约从那时起，黎氏大宗祠便成为沙湾黎氏集中黎氏后生子弟学习文化而开办的书院。

二、从书院到学堂

1898年，中国历史上发生了一件由广东人康有为、梁启超领导的大事件，即著名的戊戌变法运动。这是一次资产阶级政治改良运动，其主要内容是：学习西方，提倡科学文化，改革政治、教育制度，发展农、工、商业等。变法运动虽然因为遭到以慈禧太后为首的守旧派的强烈反对而失败，但是在一定程度上促进了清政府的教育制度改革。1904年，由张之洞等人拟定的《奏定学堂章程》公布实行，确立了中国近代在"中学为体，西学为用"主张下实行新教育的教育宗旨，以及比较系统、完备的新学制。

与此同步，各种书院开始变革。1899年，广州的广雅书院内设广西学堂。1902年,羊城书院废除;越华书院停办,在其旧址上开办广州府立中学堂。1903年,禺山书院改建为番禺初级师范学堂;粤秀书院、菊坡精舍的校址,后来改办为广东存古学堂。随着这股改革的风潮,1906年,黎氏书院正式改名为"京兆两等小学堂",开启了近代新教育的发展之路。1912年至1950年,京兆两等小学堂先后易名为"京兆小学""番禺县第一小学""番禺县第一区沙湾乡小学"。1950年5月改名为"番禺县第一区沙湾乡中心小学"。此后,随着沙湾地区建制称呼的更改,又先后改名为"沙湾乡中心小学""沙湾团中心小学""沙湾公社中心小学"等。1968年至1980年,按学校所在村的位置改名为"沙湾东村小学"。1980年后,学校正式命名为"沙湾中心小学",该名称一直沿用至今,算来已有44年之久的历史。这44年,刚好是中国改革开放的新时期和教育发展的好时期。广州作为改革开放的前沿阵地,作为经济发展的风向标,更是迎来了教育发展和学校发展的大好时机。漫漫流光里,沙湾中心小学亲历和见证了中国政治的发展变化以及中国教育的近代化、现代化变革,养成了教化育人的深厚功力和从容淡定的文化底蕴。

三、乘重建东风,行教育使命

1998年,是沙湾中心小学历史上的一个关键年。选址新建为学校发展带来了新机,新址在沙湾新区的沙湾大道,校区新建按照广东省一级学校的标准进行。自此,沙湾中心小学承载着百年老校的历史沉淀,瞻望和憧憬着光辉灿烂的未来,开始了新的征程。新校占地面积为22 688平方米,建筑面积为

附图2 1998年落成的沙湾中心小学新校区

12 382平方米，各种功能场室、器材室、活动场室一应俱全，还有200米环形跑道田径场及篮球场等。一所教学设备设施完善且先进的现代学校矗立在沙湾新区的街市之间，以琅琅的读书声和快乐的笑语书写着现代教育的新面貌。

新校的落成使用为学校进一步提高教育教学质量打下了坚实的基础，更加注重内涵提升与特色发展的沙湾中心小学一年迈上一个新台阶。1999年至2001年，学校先后通过区、市、省一级学校的评估，实现发展的三级跳跃。目前，学校已荣获6项省级殊荣，包括"全国青少年校园足球特色学校""广东省安全文明校园"等；同时斩获了11项市级荣誉，如"广州市义务教育阶段特色学校"。学生们竞相成为健康向上、乐于学习、机智灵活、友善待人的和美少年，并将这份和美的精神播撒到社会的不同领域。百年薪火相传，行走在和美路上，学校与师生共同绽放出"和而不同，各美其美"的别样风采。